초등학생이 알아야 할
참 쉬운 생태와 환경

앤디 프렌티스, 랜 쿡 글

안톤 할만 그림
제이미 볼 디자인

이자벨 키, 세실 지라댕, 오언 루이스
감수(생물 다양성과 기후 전문가)
고정아 옮김

차례

생태학이란 무엇인가요?   4
생태학의 주요 주제   6
생태학자는 무슨 일을 하나요?   8
생태학이 왜 중요한가요?   10

제1장 생태학의 기초   13
생명은 어떻게 생겨났을까요?
생명은 어떻게 환경에 적응하고, 살아남고, 번성할까요?

제2장 생태계의 이해   33
생태계의 각 부분이 어떻게 협력하고, 균형을 유지하는지 알아보아요.
복원력이란 무엇인가요? **순환 고리**는 어떻게 작동하나요?
생물 다양성이 왜 중요한지도 살펴보세요.

제3장 무엇이 문제인가요?   61
생태계는 끊임없이 변화해요. 하지만 지난 200년 동안은 단 한 가지 이유로 더욱 급격히 변화했어요. 바로, 사람 때문이에요. 생태계에 무슨 일이 벌어지는지, 그 구체적인 이유는 무엇인지 알아보아요.

제4장 가치 있는 싸움   85

생태학자들에게는 생태계를 복원할 수 있는 좋은 아이디어가 여러 가지 있어요. 그런데 그 아이디어 중에는 각 나라의 정부나 큰 기업들의 일과 관련 있는 게 많아요. 생태학자들이 정부나 기업에 어떤 변화를 요구하는지, 변화에 어떤 어려움이 있는지 알아보아요.

제5장 나도 생태학자   107

생태학은 과학인 동시에 세상을 바라보는 방법이에요. 생태학자들처럼 생태적 가치와 정신을 지키며 사는 방법을 알아보아요.

낱말 풀이   123
찾아보기   126
이 책을 만든 사람들   128

인터넷에서 자료 찾기

어스본 바로가기(usborne.com/quicklinks)에 방문해서 검색창에 'Ecology for beginners'를 입력해 보세요. 생태학과 생물 다양성 그리고 지구를 구하기 위해 노력하는 사람들에 대해 더 많이 알 수 있어요.

'어스본 바로가기'에서는 인터넷 안전 지침을 지켜 주세요. 어린이가 인터넷을 사용할 때는 보호자의 지도가 필요합니다.

생태학이란 무엇인가요?

생태학은 동물, 식물 등 생물이 환경이나 다른 생물들과 상호 작용하면서 살아가는 방법을 연구하는 학문이에요. 자연 다큐멘터리에서 볼 수 있는 것과 비슷한 연구를 해요.

생태학자들은 우리가 살아가는 방식과 우리가 세계와 상호 작용하는 방식에도 관심이 많아요.

수 대시의 생태학 노트

유기체
반응하고, 번식하고, 성장하고, 환경에 적응하는 생물.

환경
유기체를 둘러싼 주변 환경으로, 생물과 무생물을 모두 포함한다.

생태학의 주요 주제

생태학자들은 어떤 질문에 답을 찾으려고 하나요?

생태학자 중에는 하나하나의 유기체를 연구하는 대신,
한 장소에서 '모든 것'이 어떻게 어울려 사는지 연구하는 사람도 있어요.

공기 중의 산소

산적딱새

벌레잡이 식물

습지주홍부전나비

산성 습지 토양

연못

얼룩도롱뇽

빗물

물이끼

세균

생태학자들에게는 *인간 활동*이 주변 세계에 미치는 영향도 중요한 연구 주제예요.
인간은 이 세상 모든 곳의 생물들에게 영향을 주어요.
인간이 살지 않는 지역의 생물들에게도 영향을 주지요.

인간은 주변 환경을
얼마나 많이 바꾸었을까요?

어떻게 해야 우리가
환경에 해를 끼치지 않고
살아갈 수 있을까요?

자연이 인간에게 주는 혜택에는
어떤 것들이 있나요?

환경을 보호하는 일과
돈을 더 많이 버는 일,
둘 중 뭐가 더 중요한가요?

생태학자는 무슨 일을 하나요?

드론을 띄워서 풍경이 어떻게 달라졌는지 환경 변화를 추적해요.

새의 둥지를 찾아내 알의 개수도 세어 보고, 새들이 어떻게 새끼를 키우는지 조사해요.

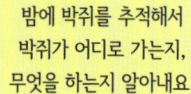
밤에 박쥐를 추적해서 박쥐가 어디로 가는지, 무엇을 하는지 알아내요.

얕은 바닷속에 들어가서 산호초의 생물을 연구해요.

잠수함을 타고 바닷속 깊이 내려가, 거기 사는 생물을 연구해요.

현장 연구

야생 환경에서 하는 연구를 **현장 연구**라고 해요. 생태학자는 관찰하고 측정해서 데이터를 모아요. 우리가 사는 지구에는 아직 제대로 탐구하거나 연구하지 않은 지역이 많아요. 생태학은 직접 그런 지역들에 가서 탐구하는 흥미진진한 학문이지요.

우리는 새 울음소리를 녹음하고 있어요.

지역 주민과 원주민의 이야기를 들어요.

외딴곳에서 캠핑을 하기도 해요.

자연을 연구할 때는 자연을 방해하면 안 돼요.

실험실 연구

생태학자는 실험실에서 연구할 때도 있어요. 실험실에서는 아주 세밀한 조사를 할 수 있거든요. 때로는 실험도 해요. 예를 들어, 왜 특정한 환경에서는 생물이 살지 못하는지 실험해 볼 수 있어요.

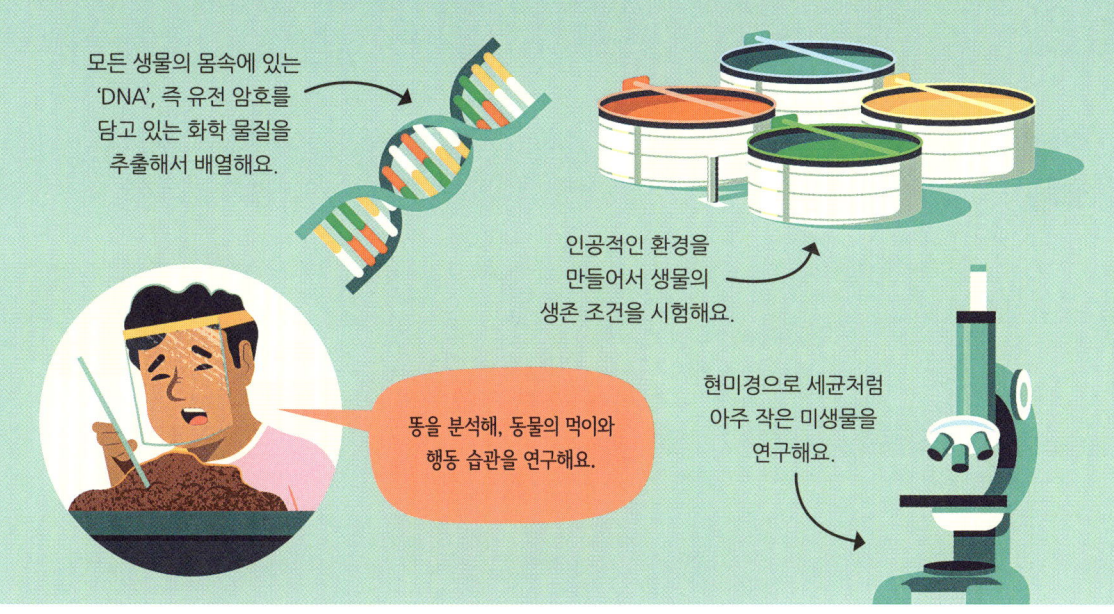

모든 생물의 몸속에 있는 'DNA', 즉 유전 암호를 담고 있는 화학 물질을 추출해서 배열해요.

인공적인 환경을 만들어서 생물의 생존 조건을 시험해요.

똥을 분석해, 동물의 먹이와 행동 습관을 연구해요.

현미경으로 세균처럼 아주 작은 미생물을 연구해요.

첨단 기술을 통한 연구와 발표

강력한 컴퓨터와 위성 사진을 활용해 자연의 변화를 연구하기도 해요.

미래 세계의 모습

컴퓨터 모델을 만들어서 미래를 예측해 볼 수 있어요. 데이터 분석가는 수많은 자료를 분석해, 패턴이나 설명을 찾아내요.

생태학자는 동료 연구자나 학생들뿐 아니라 대중들에게도 자신이 하는 일을 잘 설명할 수 있어야 해요.

생태학이 왜 중요한가요?

자연계는 아름답고 감탄을 자아낼 때가 많아요.
하지만 동물과 식물, 환경을 아우르는 자연계는 그보다 훨씬 중요해요.
인간이 미래에도 지구에서 계속 살아가려면, 지구의 '모든 생명'을 보호해야 해요.

호세야, 너는 어떤 종류의 생물을 좋아하니?

저는 상어가 좋아요. 멋있잖아요. 물론 개도 좋아해요! 원숭이하고 곰도 좋고요.

곤충은 어떠니?

곤충은 별로예요. 징그러워요. 전 거미가 무서워요.

거미는 곤충이 아니야. 거미와 곤충은 몸의 구조가 다르거든.

어쨌든 다 징그러워요!

곤충과 거미가 세상에서 모두 *사라지면* 어떻게 될까?

그런 일은 없을 거예요. 곤충은 수백억, 아니 수백조 마리나 있으니까요.

하지만 연구 결과를 보면, 놀랍게도 곤충의 수가 *10년에 9퍼센트씩* 줄어들고 있어.

저런! 무서운 일이군요. 하지만 곤충이 조금 없어지는 건 괜찮지 않을까요?

곤충이 우리에게 해 주는 일

벌 — 꽃가루받이를 해서 식물이 열매를 맺게 해 주어요.

쇠똥구리 — 동물의 똥을 재활용해요.

자주개자리 밤나방 — 백신(코로나바이러스 백신 포함) 개발에 필요한 물질을 만들어 내요.

누에 (누에나방의 애벌레) — 명주실을 만들어요.

사마귀 — 해충을 잡아먹어서 농작물을 보호해 줘요.

"곤충이 얼마나 훌륭한데!"

"제가 미처 몰랐어요. 앞으로는 곤충을 사랑할게요."

곤충에게만 위험한 일이 벌어진 게 아니에요. 전 세계에서 수많은 동물과 식물 종이 줄어들고 있어요. 이건 엄청난 '재난'이에요. 우리 각자가 또한 사회 전체로서도 이런 재난을 막기 위해 노력해야 해요.

"우리가 이 책에서 탐구할 핵심 질문은 '자연계는 얼마나 **복원력**이 있는가?' 하는 거예요."

"복원력은 견디는 '힘'과 '적응력'을 포함해요."

"복원력은 중요해요. 좋건 싫건 간에, 큰 변화가 일어나고 있으니까요."

제1장
생태학의 기초

'생명'이라고 하면 우리는 흔히,
태어나서 죽는 어느 한 생물의 생명을 생각해요.
하지만 생태학자에게 '생명'이란,
온갖 생물을 다 포함하는 말이에요.
지구의 생명을 이해하려면
먼 과거로 거슬러 올라가야 해요.

멀리…

더 멀리…

거슬러 올라가, 최초의 생명체를 만나 보아요.

아득한 옛날

지구에 생명체가 탄생한 건 까마득히 먼 옛날 일이에요. 현재까지 알려진 가장 오래된 유기체는 '남세균'이라는 거예요. 식물을 닮은 이 작은 생명체는 35억 년 전에 오늘날의 오스트레일리아 서부에서 살았어요.
식물, 동물, 미생물 등 모든 생명체를 '유기체'라고도 불러요.

이 진흙 같은 게 살아 있다고요?

정말 놀랍지? 너랑 나와 같은 생명체야. 지구상의 모든 생명체가 이렇게 시작했어.

그렇다면 이게 지구 최초의 생명체였다는 말이에요?

아니, 사실 최초의 생명체에 대해서는 알 수가 없어. 기록이 없으니까.

모든 게 이런 진창에서 시작되었다니, 믿을 수가 없어요.

최초의 생명체들은 지금하고는 전혀 달랐어. 한 가지 이유를 들면, 그때는 호흡할 수가 없었거든.

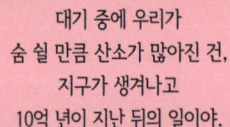

대기 중에 우리가 숨 쉴 만큼 산소가 많아진 건, 지구가 생겨나고 10억 년이 지난 뒤의 일이야.

살아 있다는 건 실제로 무슨 의미인가요?

35억 년 전에 나타난 세균을 비롯해, 모든 생물에는 '7가지' 공통점이 있어요.

모든 생물은…

세포로 되어 있어요
모든 생물은 한 개 이상의 **세포**로 이루어져 있어요. 세포는 생명체의 기본 구성 요소예요.

에너지를 사용해요
모든 생물은 에너지를 사용해서 움직이고, 번식하고, 성장해요.

남세균은 **단세포** 유기체예요. 몸이 한 개의 세포로 이루어져 있다는 뜻이에요.

배설해요
모든 생물은 필요 없는 물질을 몸 밖으로 내보내요.

성장해요
남세균과 같은 단세포 유기체는 세포의 크기가 점점 커져요. 사람과 같은 다세포 유기체는 새로운 세포가 계속 생겨나요.

번식해요
살아 있는 유기체는 자신과 같은 유기체를 새로 만들어요.

변화해요
살아 있는 유기체는 시간이 흐르고 많은 세대를 거치는 동안 환경에 적응해 영구히 변화해요.

반응해요
살아 있는 유기체는 무슨 일이 일어나면 반응해요. 예를 들어, 위험이 닥치면 도망가죠.

개는 **다세포** 유기체예요. 개의 몸이 많은 세포로 이루어져 있다는 뜻이에요.

우리 몸에 다른 생명체들이 붙어서 살기도 해! 그래서 가려워.

생명 연구의 5가지 범주

지구의 온갖 생명을 연구하는 일은 매우 복잡해요. 생태학자들은 연구를 할 때 모든 것을 **범주**로 나누어서 살펴보아요. 대표적인 범주를 몇 가지 알아보아요.

1. 개체

개체는 하나의 유기체를 말해요.

나는 개체예요. 호세도 개체고, 수 대시 선생님도 개체지요.

이 세균은 수 대시 선생님의 대장 안에서 살아요.

나도 개체야!

2. 개체군

같은 장소에서 사는 같은 생물 종 개체들의 집단을 **개체군**이라고 해요.

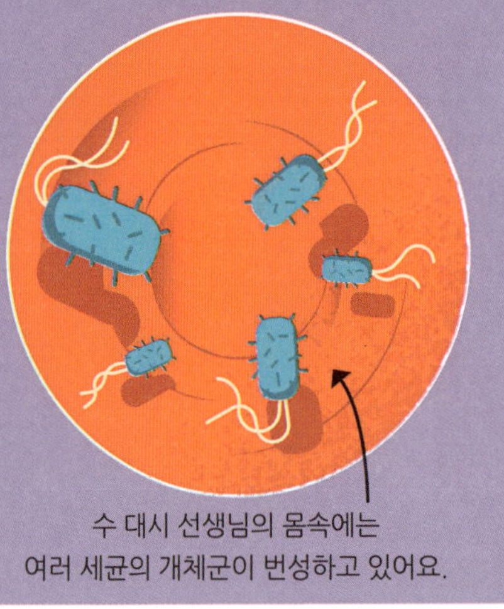

수 대시 선생님의 몸속에는 여러 세균의 개체군이 번성하고 있어요.

3. 종

종은 비슷한 생김새에, 번식이 가능한 개체 집단 또는 개체군을 말해요.

완전히 똑같은 생김새는 아니지만, 우리 개들은 다 같은 종이야!

모든 생명체는 독특해요

모든 개체는 저마다 달라요. 오랜 세월이 흐르면서, 처음에는 작은 차이였던 것이 자꾸자꾸 변해서 지구상에 엄청나게 다양한 생명체가 살게 되었어요.

모든 개체의 세포에는 DNA라는 게 있어요. 그 개체의 몸을 만드는 데 필요한 온갖 지시 사항을 담고 있지요. 부모는 자손에게 자신들의 DNA를 물려주어요.

세포

DNA가 들어 있어요.

자식이 부모와 *비슷한* 건 DNA를 물려받기 때문이에요. 하지만 완전히 *똑같은* 건 아니에요. 부모와 자식이 다른 데에는 중대한 두 가지 이유가 있어요.

1. 혼합

많은 유기체가 자손을 만들 때 DNA를 섞어요. 그러니까 DNA의 절반은 어머니에게서 오고, 절반은 아버지에게서 받아요.

나는 어머니처럼 집게가 크고, 아버지처럼 다리가 길어.

그래서 자손은 양쪽 부모의 특징을 모두 물려받아요. 어떤 특징을 얼마나 받는지는 개체마다 달라요.

2. 변이

새로운 세대가 만들어질 때마다 지시 사항에는 작은 변화가 끼어들곤 하지요. 예측할 수 없는 이런 변화를 **변이**라고 해요.

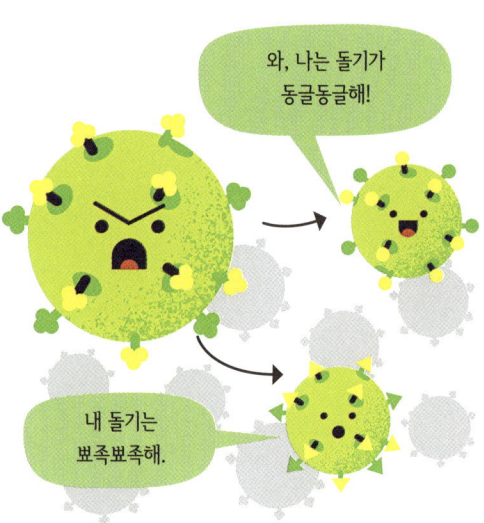

와, 나는 돌기가 동글동글해!

내 돌기는 뾰족뾰족해.

대부분의 변이는 별다른 영향을 끼치지 않아요. 하지만 어떤 변이는 개체에 문제를 일으켜요. 반대로 이로운 영향을 주는 것도 있어요.

생존을 위한 적응

어떤 생물 군집도 똑같은 상태가 오래 유지되지는 않아요.
생존에 성공한 개체들은 번식해서 자손에게 DNA를 물려주지만,
실패한 개체는 그러지 못하지요. 결국 진화는 어떤 게 생존에 가장 유리한지,
생물 종이 변화에 얼마나 잘 **적응**하는지에 따라서 결정돼요.

모든 개체는 기온, 강우량, 햇빛, 심지어 밤낮의 변화에도 적응해야 해.

게다가 계절의 변화도 있잖아.

와, 너무 추워요! 두꺼운 외투를 가져올걸.

두뇌가 생겨서 미리 계획을 세울 수 있게 된 것도 적응의 일종이야.

같은 종의 개체라 해도 모양이나 성질, 크기 같은 게 조금씩 차이가 있어요. 이런 특징을 형질이라고 해요.

어떤 형질은 생존에 불리해요. 이 새는 부리가 너무 짧아서 이 꽃의 꽃꿀을 먹을 수 없어요.

어떤 형질은 생존에 유리해요. 이 새는 부리가 길어서 꽃꿀을 쉽게 먹을 수 있어요.

유리한 형질을 가진 개체는 생존에 성공해서 자손을 낳아요.
이런 식으로 세대가 이어지면 유리한 형질이 점점 많이 퍼지겠지요.
이것을 적응이라고 해요.

다양한 해결책

시간이 흐르면서 생물 종들은 적응을 하기 위해 다양한 방식으로 **진화**해요.

검은유령칼고기는 앞이 잘 보이지 않는 흙탕물에서 살아요. 이 물고기는 전기 신호를 이용해 주변을 탐지하고 서로 대화해요.

청둥오리 같은 철새는 겨울이 되면 더 많은 먹이를 구할 수 있는 곳으로 이주해요. 철새는 어디서든 북쪽을 찾을 수 있게 적응해서, 중간에 길을 잃을 염려가 없어요.

흰개미는 천연 냉각 기능이 있는 흙더미를 만들어서, 더운 환경에 적응해서 살아요.

생물 종들은 환경에 적응하기도 하지만, *환경의 모습을 바꾸기도 해요.*
생태계는 생물들의 반응 때문에도 늘 조금씩 변화하고 있어요.

나무가 많아지면 그 생태계를 흘러가는 물의 흐름이 느려져요.
그런 곳은 대개 기후가 더 습하게 변해요.

생존을 위한 싸움

모든 생물은 다른 생물 종들과 함께 살아가요. 때로는 생물 종들 사이에서 싸움도 벌어지지요. 생태학자들은 유기체가 다른 유기체나 주변 환경과 상호 작용하는 방식을 몇 가지로 나누었어요.

포식자

포식과 피식

어떤 동물(포식자)이 다른 동물(피식자)을 잡아먹는 관계예요. 포식과 피식 관계에서는 사냥을 잘하거나 도망을 잘 가는 개체가 더 오래 살고 더 많은 자손을 퍼뜨려요.

피식자(먹이)

올빼미는 쥐가 움직이는 소리를 더 잘 알아들을 수 있게 진화했고, 쥐는 더 빨리 도망칠 수 있게 진화했어요. 포식자와 피식자 사이의 끊임없는 경쟁이 이 세계의 모습에 엄청난 영향을 주었어요.

상리 공생

두 종이 서로 협력해서 양쪽 모두가 이익을 얻는 관계예요. 예를 들어 나비는 꽃에서 먹이를 얻는데, 그 과정에서 몸에 묻은 꽃가루를 다른 꽃에 옮겨다 주어서 식물의 번식을 도와요. 나비와 꽃, 양쪽이 이익을 주고받는 거지요.

나무뿌리에서 자라는 균근은 곰팡이와 뿌리가 결합한 것으로, 나무가 만드는 당분을 먹고 살아요.

그 대가로 나무가 물과 영양분을 더 잘 흡수할 수 있게 도와주어요.

초식 동물
이 나방들처럼 식물을 먹도록 적응한 동물을 말해요.

기생
어떤 생물 종이 다른 생물 종의 몸속 또는 몸 밖에 붙어서 사는 것을 이르는 말이에요. 한 종은 이익을 얻고 다른 종은 피해를 보는 관계지요. 먹이 같은 이익을 얻는 생물을 '기생 생물', 피해를 입는 생물을 '숙주'라고 해요.

겨우살이는 나무에 붙어서 살면서, 나무의 영양분과 물을 빼앗아요.

높은 나뭇가지에 붙어서 사는 이끼는 초식 동물에게 먹히지 않아요.

나무는 이끼한테서 아무런 도움도 받지 않지만, 피해도 보지 않아요.

편리 공생
편리 공생 관계에서는 한 종만 이익을 얻고, 다른 종은 이익도 피해도 없어요.

그렇다면 우리는 어떤 관계일까?

글쎄, 개와 인간은 상리 공생인 것 같은데.

쳇! 편리 공생일걸요. 솔직히 소니, 네가 나한테 먹을 거 준 적 있어?

생존을 위한 경쟁

지구에 먹이와 공간이 아무리 풍부하다 해도 한계가 있어요. 한정된 자원을 두고 **경쟁**할 수밖에 없기 때문에 생물 종들은 진화의 길을 걷게 되었지요. 두 종이 같은 자원을 두고 경쟁한다면, 언제나 **이점**을 가진 종이 승리해요. 미생물 배양 실험을 예로 들어 볼게요. 실험실에서 두 종류의 미생물을 같이 키우며 생물 종 사이의 경쟁을 연구했어요.

더 강한 경쟁자에게 패배한 종은 다른 곳으로 옮겨 가거나, 행동 방식을 바꾸어서 적응하지 않는 한 멸종하게 될 거예요. 이 실험실 실험에서는 카우다툼 종이 다른 곳으로 이동하거나 적응하는 게 힘들지만, 야생에서라면 둘 다 할 수 있어요.

발전, 극복, 적응

경쟁자들이나 환경에 정말로 잘 적응한 개체는 두 가지 면에서 큰 이점을 누려요.
적응을 잘하면 대체로 더 오래 살고, 자손도 더 많이 둘 수 있어요.
결국 더 많은 DNA를 미래 세대에게 물려줄 수 있다는 뜻이에요.

오랜 시간이 흐르는 동안, 생물 종들은 점점 더 환경에 잘 적응하도록 자연스럽게 진화해.

이게 바로 영국의 박물학자인 찰스 다윈이 주장한 진화론의 중심 생각이야. 찰스 다윈의 사진을 보여 줄게.

그러니까 인간은 그런 진화를 거쳐 아주아주 나중에 나타난 종이고… 저는 그중에서도 아주 늦게 태어난 인간이니까… 저는 굉장히 잘 적응한 결과이겠네요!

실제로 적응은 결코 끝나는 법이 없어.

인간을 포함해 모든 생물 종은 아직도 진화, 적응, 발전하고 있어요.

에티오피아나 안데스산맥 같은 고원 지대는 공기가 희박해요. 그런 지역에서는 지난 5,000년 동안, 핏속에 산소의 양이 적어도 살 수 있게 사람들이 진화했어요.

지난 100년 동안 영국에서는, 도시에서 사는 여우가 시골에서 사는 여우보다 주둥이가 작아졌어요. 주둥이가 작은 게 도시에서 먹이를 찾는 데 더 유리해요.

지난 50년 동안, 빈대는 껍질이 두꺼워졌어요. 사람들이 쓰는 살충제에 잘 견디기 위해 진화한 거죠.

이러한 적응 과정을 거쳐 **새로운 종**이 생겨나기도 해요. 수백 년이 걸리는 아주 길고도 복잡한 과정이지만, 나비의 예를 들어서 다음과 같이 간단하게 설명할 수 있어요.

1. 녹색 나비의 거대한 개체군이 있다고 상상해 보아요.

2. 시간이 흘러, 장벽이 생겨났어요. 장벽을 사이에 두고 개체군이 둘로 나뉘었고, 각 개체군의 서식지가 약간 달라졌어요.

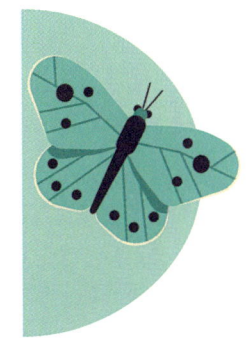

현실에서 장벽은 산맥일 수도 있고, 넓은 강일 수도 있어요. 이런 장벽은 대체로 아주 천천히 생겨나요.

3. 시간이 흐르는 동안 두 집단은 서로 다른 방식으로 적응했어요. 살아가는 데 중대한 환경 조건이 달랐기 때문이죠. 한 집단은 새로운 먹이를 찾는 게 중요했고, 또 다른 집단은 새로 나타난 포식자를 피해야 했어요. 시간이 지나면서 두 집단은 생김새나 행동이 서로 달라졌어요.

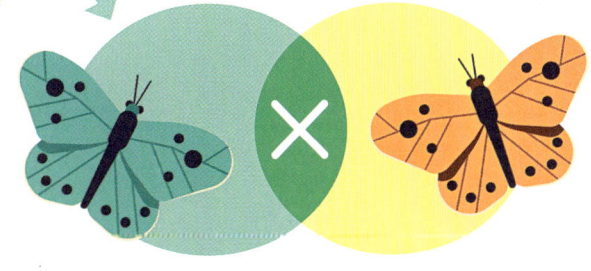

4. 나중에 어쩌다가 이 두 집단의 개체들이 만난다고 해도, 서로 짝짓기를 할 수 없어요. 생물학이나 생태학에서는, 함께 번식할 수 없는 종은 서로 *다른* 종이라고 말해요.

시간이 지나면서 다양한 종이 진화해서 점점 더 다양한 생태적 틈새를 채워. 놀랄 만큼 효과적인 방식이지.

북적거리는 생물 군계

생명이란 적응력이 아주 뛰어나서, 지구의 거의 모든 환경에서
살 수 있게 진화했어요. 생태학자들이 온갖 다양한 생태계를 연구하려면,
여러 생태계를 정리해서 비교할 수 있는 단순한 방법이 필요해요.

어떤 생태계들은 지리적으로 서로 멀리 떨어져 있는데도 아주 비슷해요.
예를 들면, 여러 나라의 습지와 늪지에는 대개 비슷한 식물이 살아요.
생태학자들은 이렇게 비슷한 생태계를 뭉뚱그려서 **생물 군계**라는 말을 써요.
아래의 두 생태계는 **염생 습지* 생물 군계**예요.

*염생 습지: 갯벌과 하천이 만나 소금기와 습기가 있는 지형.

미국 플로리다주의 맹그로브 습지

생물 군계는 단순히 장소를 가리키는 말이 아니라, 그 안에서 사는 생물을 모두 포함하는 말이에요.

카타르의 조수 습지

서로 다른 생물 군계는 그 안에서 사는 생물 종의 수도 차이가 많이 나요.
이 점은 **생물 다양성**을 판단할 때 중요해요.
생물 군계나 생태계에 사는 종의 수가 많을수록 생물 다양성이 높아요.

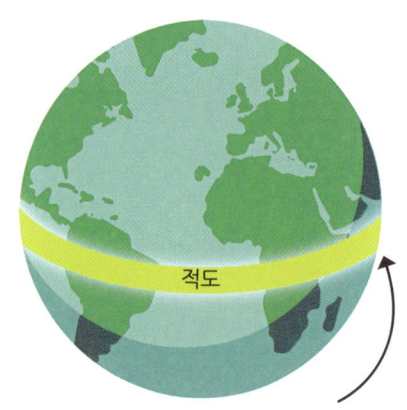

적도

적도 근처에 있는 생물 군계가 대체로 생물 다양성이 높아요.

벌레를 죽이기 위해 밭에 농약을 뿌려요.

인간이 많이 개입하는 농경지 같은 생물 군계는 생물 다양성이 높지 않아요.

생물 군계는 땅 위, 땅속, 민물, 바다… 어디에나 있어요. 어떤 생물 군계는 둘 이상의 서로 다른 지역을 포함할 수도 있어요. 예를 들어 습지 생물 군계에는 육지와 민물이 같이 있어요. 아래 그림은 지구에서 찾아볼 수 있는, 아주 다양한 생물 군계의 관계를 표로 나타낸 거예요.

켈프 숲

툰드라

연못

맹그로브 습지

사막

고산 지대

사바나

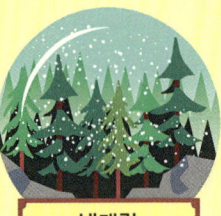
냉대림

산호초

숲

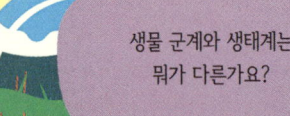
초원

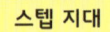
스텝 지대

생물 군계와 생태계는 뭐가 다른가요?

대농장

삼림 지대

극

심해

생물 군계는 초원 같은 일반적인 장소 유형을 가리키는 말이고, 생태계는 러시아 북부의 넓은 스텝 초원처럼 특정한 장소를 일컫는 말이야.

생태계 중에는 연못처럼 아주 작은 것도 있어. 크기는 작아도 수천 가지 생물이 살고 있지.

제2장
생태계의 이해

생태계 안에서는 아주 작은 세균에서부터
무시무시한 포식자에 이르기까지 모두가 연결되어 있어요.
생태계 안에 있는 것들을 단순히 나열하기만 해서는
생태계를 제대로 이해할 수 없어요.
생태계는 그 안에 있는 것을 전부 다 합친 것을
훨씬 넘어서거든요. 그래서 생태계 연구는 무척 어려워요.
실험실에서 하는 연구도 마찬가지예요.

안정된 생태계는 효율적이고 완벽한 균형을 유지하고 있어요.
모든 생명체가 살아서도 죽어서도
생태계 안에서 자기 역할이 있다는 뜻이에요.
하지만 물론, 현실의 생태계는 때때로 이런 안정을 잃기도 해요.

에너지의 흐름

모든 생물이 성장하고 활동하는 데에는 먹이와 에너지가 필요해요.
다양한 형태의 먹이와 에너지는 각기 다른 방식으로 생태계를 흘러가요.
이 모든 것은 맨 처음 태양에서 시작해요.

생태계에서 먹이와 에너지가 흘러가는 데에는, 유기체가 다른 유기체를 먹는 일만 작용하는 것은 아니에요. 다음과 같은 것들도 에너지의 흐름에 영향을 주어요.

- 햇빛의 양
- 토양의 구성
- 지형
- 인간의 활동도 잊으면 안 돼요. 인간도 생태계의 에너지 흐름에 큰 영향을 주어요.
- 지진 같은 자연재해
- 기후 (장기간에 걸쳐 나타난 평균적인 날씨)
- 날씨 (하루하루 변하는 날씨)

유기체의 활동도 에너지 흐름에 영향을 미쳐요. 유기체의 활동이 에너지의 흐름을 도와주기도 하고 방해하기도 해요.

분해자는 복잡한 물질을 단순한 물질로 분해해서, 다른 생물이 쉽게 사용하도록 해 주어요.

생태계에서 어떤 생물이 큰 문제를 일으킬 때도 있어요. 메뚜기 떼의 습격을 예로 들 수 있어요. 대규모 메뚜기 떼가 아주 많은 먹이를 아주 빠른 속도로 먹어 치워서, 생태계의 방대한 에너지를 순식간에 없애 버리지요.

에너지의 흐름은 완벽하지 않아요. 중간에 사라지는 에너지와 영양분도 많거든요. 유기체가 남김없이 다 먹히지 않을 때도 있고, 일부 에너지는 언제나 열의 형태로 사라져요. 이 때문에 한 생명체가 다른 생명체를 먹을 때 전달되는 에너지는 대개 저장되어 있던 에너지의 10~20퍼센트뿐이에요.

모든 종이 중요해요

보잘것없어 보이는 생물 종도 생태학자들에게는 중요한 연구 대상이에요.
나무, 곰팡이, 아주 작은 벌레도 생태계의 유지에 큰 역할을 하거든요.

생산자

나무는 생태학에서 **생산자**라고 부르는 생물이에요.
생태계에서 에너지를 사용할 수 있는 건, 크고 작은 나무를 비롯한 온갖 식물들 덕분이에요.

나무는 공장과 비슷해요.
여러 재료를 가져다가
쓸모 있는 물건을 만들지요.

나오는 것
당분 + 산소

들어가는 것
햇빛 + 공기 중의
이산화탄소 + 땅속의 물

식물이 만드는
당분과 영양분을 이용해
초식 동물의 몸이 자라요.

들어가는 것
공기와 흙 속의 영양분

나오는 것
동물이 흡수할 수 있는 영양분

나무는 균류(곰팡이, 버섯류 등)의
도움이 없이는 흙 속의 영양분을
흡수할 수 없어요.

그리고 육식 동물은
초식 동물을 먹어서
영양분을 얻어요.

바다에도 비슷한 '공장'이 있어요. 바다에서 가장
중요한 생산자는 **규조류**라고 하는 미세 조류예요.
미세 조류는 아주 작은 식물성 수생 생물이에요.

규조류를 크게
확대한 거예요.
규조류는 아주 작아서
현미경으로만 볼 수 있어요.

36

생태계의 청소부와 분해자

유기체가 죽어도 유기체의 몸에는 에너지와 영양소가 남아 있어요.
생태계의 청소부와 분해자는 죽은 생명체를 해체해서 거기 있던 에너지를 얻고
남은 영양소를 내놓아요. 이들이 없으면 생태계는 유지될 수 없어요.

모든 생명의 토대는 탄소

탄소는 아주 중요해요. 과학자들은 지구의 생명은 탄소에 기초를 두고 있다고 말해요.
탄소는 이곳에서 저곳으로, 이 개체에서 저 개체로 끊임없이 이동해요.
탄소는 이렇게 생태계를 흘러 다니며 생태계에 생명을 불어넣어요.

탄소를 저장하는 장소를 **탄소 저장소**라고 해요.
모든 생물은 탄소 저장소예요.

탄소는 공기 중에 이산화탄소(CO_2)의 형태로 저장되어 있어요.

동물은 먹이에서 탄소를 흡수하고 탄소를 이용해 성장해요.

식물은 탄소를 흡수해서 줄기와 잎을 만드는 물질로 바꿔요.

바다 동물은 탄소를 이용해 껍데기와 골격을 만들어요.

오랜 시간이 지나면, 죽은 동식물에 들어 있던 탄소는 석탄, 석유, 천연가스가 돼요. 이런 것을 **화석 연료**라고 해요.

탄소는 대부분 땅속 광물질과 암석에 묻혀 있어요.

탄소가 한 저장소에서 다른 저장소로 이동하는 일을 **탄소 순환**이라고 해요.

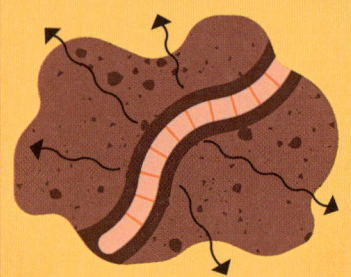

분해자가 죽은 생물을 소화하면 이산화탄소가 배출돼요.

동물은 식물을 먹고 그 탄소를 에너지로 이용해요. 동물이 숨을 쉬면 이산화탄소가 배출되죠.

화석 연료를 태우면 저장된 탄소가 대기 중으로 배출돼요.

탄소가 왜 그렇게 중요한가요?

화학적으로 보면, 탄소가 다른 원자들을 잘 연결하기 때문이에요.
탄소의 이런 능력 때문에 생명에 필요한 다양한 분자들이 만들어질 수 있어요.

놀랍게도 생물의 몸속에는 탄소가 기반이 된 분자의 종류가 천만 가지나 돼! 이 분자들은 크게 네 가지로 구분할 수 있어.

탄수화물
당분과 전분을 말하며, 세포에 에너지를 공급하고, 에너지를 저장해요.

지질
지방이나 기름을 말하며, 에너지를 저장하고, 세포벽을 만들고, 메시지를 전달해요.

단백질
단백질은 세포의 형태를 유지하게 해 주고, 근육을 만들고, 물질을 운반해요.

핵산
핵산으로 만들어진 분자(예를 들어 DNA)는 몸 안에서 명령을 전달해요.

지구에 있는 전체 탄소의 양은 변하지 않지만,
특정한 저장소에 있는 탄소의 양은 시간이 흐르면서 늘기도 하고 줄기도 해요.

지구는 대체로 탄소의 흐름을 잘 유지하는 편이야. 탄소 저장소늘에서 방출하는 탄소의 양과 흡수하는 탄소의 양이 균형을 잘 이루지.

우리 인간이 이 균형을 지금 어떤 방식으로 깨뜨리고 있는지 아니, 호세?

화석 연료를 태워서요?

맞았어. 이 타임머신은 화석 연료를 사용하는 게 아니어야 할 텐데…

먹고 먹히는 관계

모든 동물은 다른 생명체에게서 영양분을 얻어요.
에너지와 영양분이 한 생물에게서 다른 생물로 옮겨 가는 관계를 **먹이 사슬**이라고 해요.
아래에서 바닷속 먹이 사슬의 예를 살펴보세요.

켈프 숲

켈프

먹이 사슬의 맨 처음에는 광합성을 하는 유기체가 자리를 잡아요. 스스로 먹이를 만드니까요. 이런 유기체를 **생산자**라고 해요.

먹혀요 →

성게

생산자를 먹는 동물은 초식 동물이고, **1차 소비자**라고 불러요.

먹혀요

불가사리

1차 소비자를 먹는 동물은 포식자이며, **2차 소비자**라고 해요.

← 먹혀요

해달

먹이 사슬의 위쪽 자리를 차지하고 있는 포식자는 **3차 소비자**예요.

생태계에는 수많은 먹이 사슬이 있어요. 생태학에서는 온갖 생명체가
먹고 먹히는 복잡한 사슬 관계를 도표로 그려서 나타내요.
먹이 사슬이 이리저리 얽혀 있는 이런 도표를 **먹이 그물**이라고 해요.

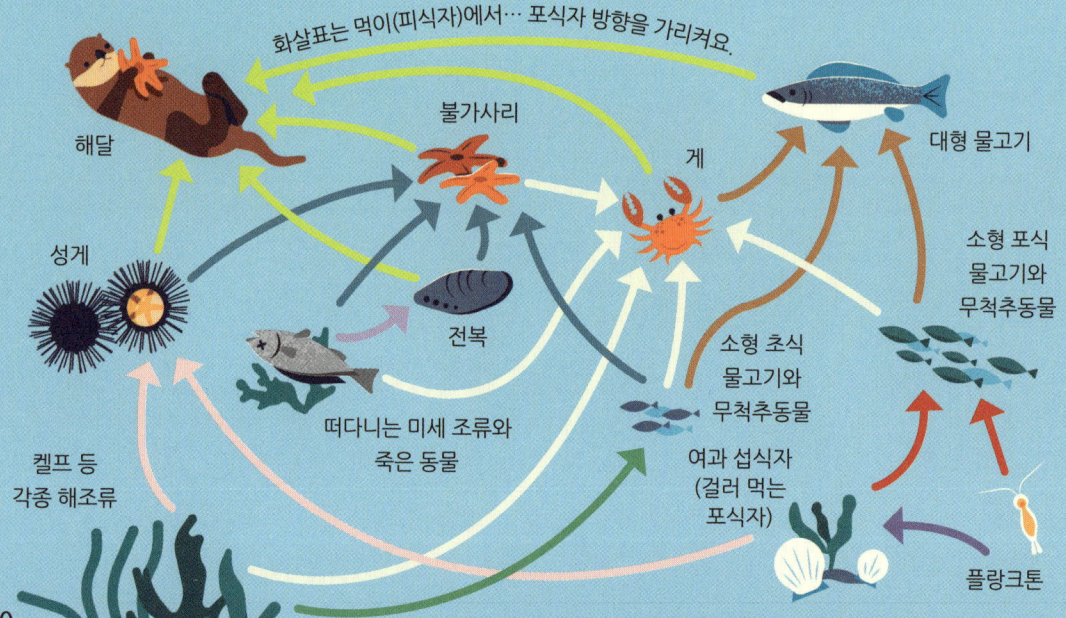

화살표는 먹이(피식자)에서… 포식자 방향을 가리켜요.

정교한 균형

건강한 생태계라면 모두 균형 상태를 잘 유지하고 있어요.
이것을 생태계 **평형**이라고 해요. 균형 잡힌 생태계는 그 생태계를 이루고 있는
식물, 동물, 미생물, 환경 등 모든 부분이 서로서로 의존해요.
쓸모없이 버려지는 건 아무것도 없어요.

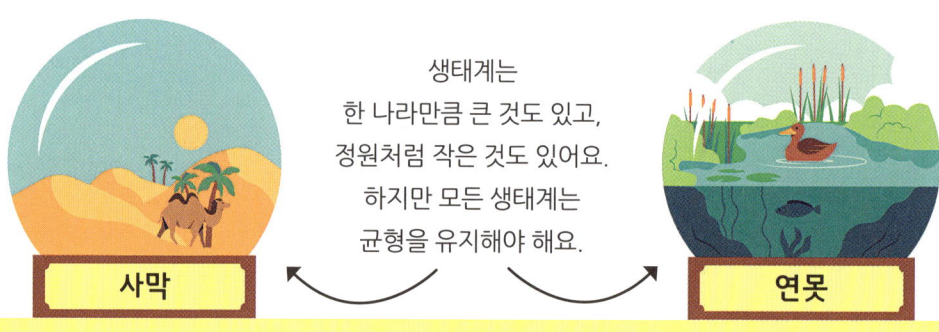

생태계는
한 나라만큼 큰 것도 있고,
정원처럼 작은 것도 있어요.
하지만 모든 생태계는
균형을 유지해야 해요.

아무런 변화가 없으면 균형 잡힌 생태계는 영원히 평형 상태를 유지할 수 있어요.

하지만 오랫동안 똑같은 상태가 유지되는 생태계는 없어요.
인간의 활동이나 날씨가 영향을 미치기도 하고,
시간이 흐르면서 생긴 변화도 생태계를 교란해요.
생태계의 균형을 흔드는 것을 생태계 '교란'이라고 해요.

중요한 문제는, 생태계 교란이 일어난 뒤에
다시 평형 상태로 돌아갈 수 있느냐 하는 거예요.

연못 옆에 큰 도로가 새로 난 경우를 생각해 보세요.
오리들이 여전히 그 연못에 쉽게 갈 수 있을까요? 개구리는 어떨까요?
연못은 이런 종들이 사라진 뒤 새로운 평형 상태를 이룰 수 있을까요?
이런 문제는 오랜 시간이 흐른 뒤에야 답을 알게 될 때가 많아요.

생태계가 교란을 극복하고 처음 상태로 돌아갈 수 있는 능력을 **복원력**이라고 해요.

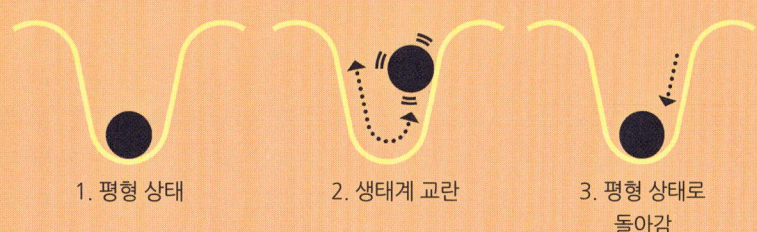

1. 평형 상태   2. 생태계 교란   3. 평형 상태로 돌아감

생태계는 저마다 복원력이 달라요. 대체로 생물 다양성이 높을수록 복원력도 강하죠.

수많은 종이 사는 열대 우림은 복원력이 강해요.

한 종의 나무만 자라는 소나무 농장은 복원력이 약해요.

생태계 교란이 너무 심하면 생태계는 결국 본래 상태로 돌아가지 못해요. 이런 경우 **한계점**을 넘었다고 말해요. 한계점을 넘으면 생태계는 본래 상태로 돌아가는 대신, 새로운 평형을 이루어요.

열대 우림이 몇십 년 동안 교란을 겪으면…

한계점

…초원으로 변할 수도 있어요.

일단 생태계 교란이 한계점에 이르렀다면 되돌아갈 수 없을 때가 많아요. 생태학자들은 열대 우림처럼 중요한 생태계가 완전히 사라지지 않도록 복원력을 높이는 방법을 열심히 찾고 있어요.

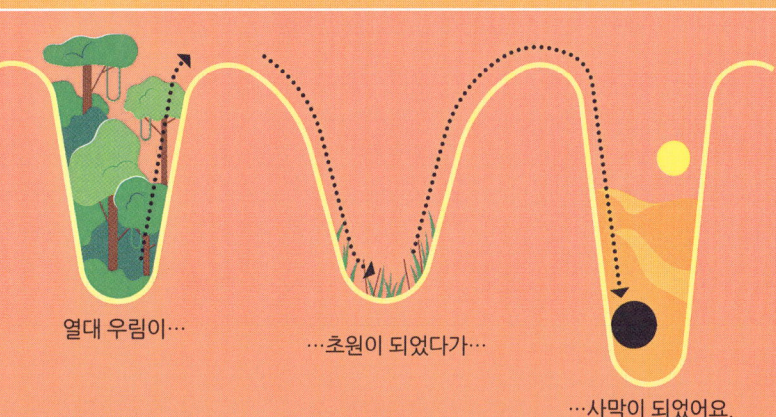

열대 우림이…   …초원이 되었다가…   …사막이 되었어요.

생명과 죽음의 순환

생태계의 어떤 부분에 교란이 일어나면 다른 부분들도 그 영향을 받아요. 이러한 교란이 일어나면, 애초에 변화가 시작된 부분이 영향을 받아 다시 변화할 때가 많아요. 이런 순환 방식을 생태계 **순환 고리**라고 불러요.

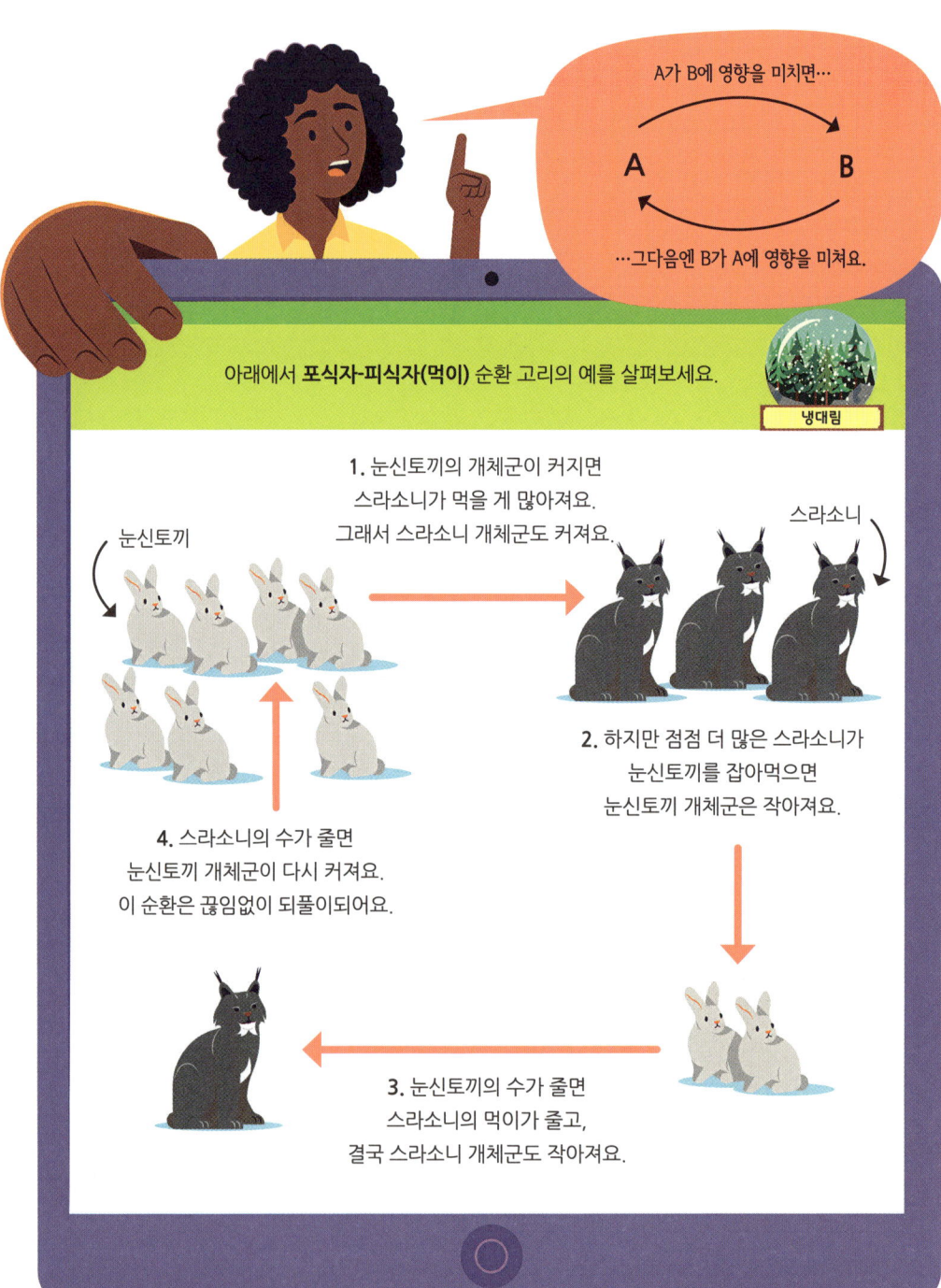

포식자-피식자 순환 고리는 생태계에서 매우 중요한 역할을 해요. 이런 순환 고리를 생태학자들은 **음성 순환 고리**라고 불러요. 순환 고리에 있는 생물들의 *영향*을 낮추기 때문이에요. 음성 순환 고리를 그래프로 나타내면 다음과 같아요.

개체군 폭발

생태계에 일어난 어떤 한 가지 변화가 계속해서 그 방향으로 점점 더 변화하게 만들 때도 있어요. 이것을 **양성 순환 고리**라고 해요.

양성 순환 고리를 그냥 내버려 두면 생태계가 빠른 속도로 변해서 균형이 깨질 수 있어요.

하지만 양성 순환 고리가 모두 나쁜 것은 아니에요.
생물 종들이 서로를 돕는 관계(상리 공생 관계)는 양성 순환 고리와 관련이 있어요.

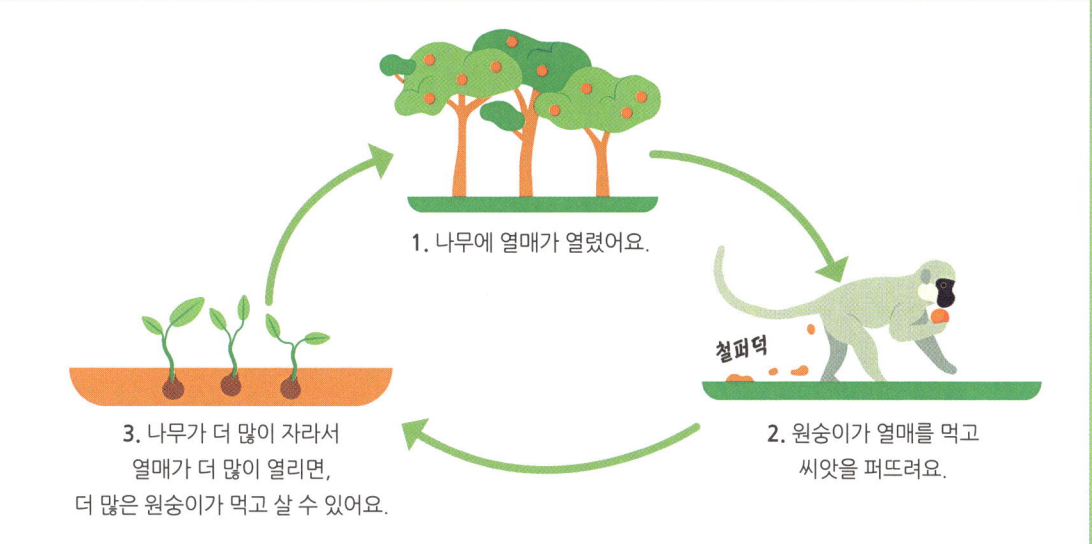

1. 나무에 열매가 열렸어요.
2. 원숭이가 열매를 먹고 씨앗을 퍼뜨려요.
3. 나무가 더 많이 자라서 열매가 더 많이 열리면, 더 많은 원숭이가 먹고 살 수 있어요.

생태계를 변화시키는 양성 순환 고리는 종종 음성 순환 고리 덕분에 균형을 잡을 수 있어요.
그렇게 해서 생태계는 대체로 질서를 유지해요.

양성 순환 고리를 설명하는 단순한 예에요. 이론적으로 어떤 종에게든 일어날 수 있는 일이죠.

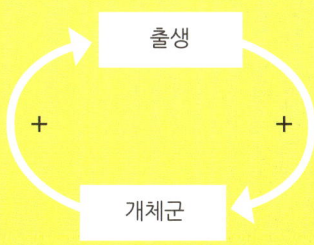

출생이 늘면 개체군이 커지고, 그러면 출생은 더 늘어요.

오늘날 전 세계 인구가 역사상 그 어느 때보다 많은 것은 이런 순환 고리 때문이기도 해요.

하지만 출생이 늘면 **사망**도 늘어요.

사망이 늘면 그 종의 개체군은 작아져요.

이렇게 양성 순환 고리와 음성 순환 고리가 상호 작용해서 개체군의 성장을 조절해요.

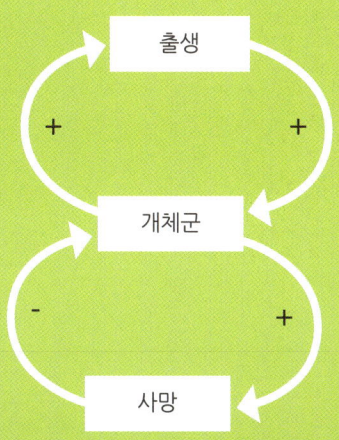

죽음은 생태계의 중요한 부분이에요. 죽음이 없으면 개체군 크기가 걷잡을 수 없이 커질 테니까요.

함께 사는 길

생태계에 경쟁만 있는 것은 아니에요. 어떤 종들은 서로 협력해서 함께 번성해요. 종들이 서로 협력하는 일이 양성 순환 고리의 영향을 아주 많이 증가시키기도 해요. 몇 가지 예를 살펴보아요.

둘이 하나가 되어요

지의류는 암석이나 나무 표면에 오톨도톨 얇게 퍼져서 자라는 유기체예요. 옛날에는 지의류를 미세 조류나 균류의 일종이라고 여겼어요. 하지만 알고 보니, 지의류는 그 두 가지가 합쳐진 것이었어요. 생태학에서는 지의류를 **이중 유기체**로 분류해요. 이중 유기체란 두 종이 하나인 것처럼 기능한다는 뜻이에요.

균류는 조류(수생 식물)에 물과 무기질을 공급해요.

조류는 무기질과 물을 이용해서 균류와 자기 자신이 살아갈 먹이를 만들어요.

지의류

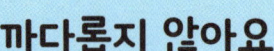
지의류

까다롭지 않아요

주변에 있는 온갖 유기체와 다 협력하는 생물 종도 있어요. 이들은 어느 한 종에게만 의존하지 않고 다양한 유기체와 협력해요.

벌은 꽃의 종류를 가리지 않고 두루 다니면서 꽃꿀을 얻어요. 그 과정에서 몸에 묻은 꽃가루를 다른 꽃에 옮겨 주어요.

식물 종들은 다양한 곤충을 꾀어서 꽃가루를 퍼뜨려요.

먹이 교환

많은 생물 종이 에너지와 영양분을 더 많이,
더 안정적으로 얻기 위해 서로 협력해요.

농경지

1. 소는 풀을 먹어요.
풀에는 섬유소가 많지만,
소는 섬유소를 소화하지 못해요.

2. 그런데 세균은 섬유소를 소화할 수 있어요.
세균은 소의 위장에서 살면서
섬유소를 분해하고, 그 속에 들어 있는
에너지와 영양분을 꺼내 주어요.

3. 소는 그 대가로 세균들이
소의 위장에서 따뜻하고
안전하게 살게 해 주어요.

호위병

어떤 종은 자기에게 먹이와 살 곳을 마련해 주는 협력 생물의 호위병 역할을 해요.
열대 지방에서 자라는 아카시아 나무에는 아카시아 개미가 사는데,
바로 이 개미가 그런 생물이에요.

열대 우림

1. 아카시아 개미는
오직 아카시아 꽃꿀만 먹으며,
아카시아 나무에 난
속이 빈 가시 안에서 살아요.

2. 개미는 그 대가로
아카시아 나무의 호위병이 되어서,
나무를 먹으려고 하는 메뚜기를 쫓아내요.
또한 아카시아 나무를 감고 자라며
햇빛을 막는 덩굴도 막아 주어요.

저놈 잡아라!

우드 와이드 웹(WWW)

생태계의 종들은 먹이만 공유하는 것이 아니라 *정보도 공유해요*. 나무는 특히 이런 일을 잘해요. 나무들은 땅속 균류의 전달 망을 이용해 정보를 주고받아요. 사람들은 이것을 인터넷 망(월드 와이드 웹)에 빗대어 *우드 와이드 웹*, 즉 '숲 통신망'이라고 불러요.

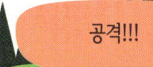

생물 다양성이 왜 중요한가요?

생물 다양성이 높으면, 생태계가 크든 작든 변화에 잘 대응할 수 있어요.
생물 다양성에는 크게 두 가지가 있는데,
아래의 두 가지 다양성 모두 생태계의 복원에서 중요한 역할을 해요.

생물 다양성이 높은 생태계라는 말은,
많은 종이 살고 있다는 뜻이에요.
이것을 종 다양성이라고 해요.

생물 다양성이 높은 생태계는
또한 개별 종의 DNA도 다양해요.
이것을 유전자 다양성이라고 해요.

두 가지 생물 군계 중에서
어느 곳의 생물 다양성이
더 높을까?

데스밸리 사막

열대 바나나
대농장

답은 뜻밖에도 사막이에요.
미국의 데스밸리 사막처럼 건조한 관목 지대는
사실상 지구에서 생물 다양성이 가장 높은 생물 군계 중 하나예요.

대농장은 사람이 의도적으로 한 가지 식물만 재배하는 곳이에요.
바나나가 아무리 많아도 이 식물의 DNA는 똑같기 때문에
유전자 다양성은 아주 낮아요.

생물 다양성이 사막 생태계의 균형을 유지하는 데 어떤 역할을 하는지 아래에서 살펴보세요.

사막 기후인 데스밸리에는 양이나 거북처럼 풀을 뜯어 먹는 동물이 여러 종 있어요. 이 동물들은 건조한 환경에서 자라는 남가새 덤불이나 메스키트 나무 같은 다양한 식물을 먹어요.

데스밸리에서 풀을 뜯어 먹고 사는 동물 중 한 종이 질병이나 포식자의 습격, 또는 인간의 개입으로 사라진다고 해도, 이 생태계는 생물 다양성이 높으니까 다른 동물이 똑같은 역할을 해요. 그래서 덤불이 지나치게 자라는 일은 일어나지 않아요.

한 종 안에서 유전자 다양성이 낮을수록 환경 변화에 적응하기 어려워요.

유전자 다양성이 높은 종일수록 변화에 좀 더 쉽게 적응할 수 있어요.

외계의 생명

생태학 연구는 지구에만 한정되지 않아요.
외계 생명체를 발견할 가능성이 있다는 생각은 많은 사람의 마음을 설레게 하죠.
과학자들은 외계 생명체를 찾기 위해 다음과 같은 방법을 사용해요.

제임스웹 우주 망원경

2021년에 발사한 이 망원경은 지구 궤도를 돌면서 우주를 관측해요. 다른 별을 돌고 있는 행성들의 대기를 조사해 생명의 흔적을 찾아요.

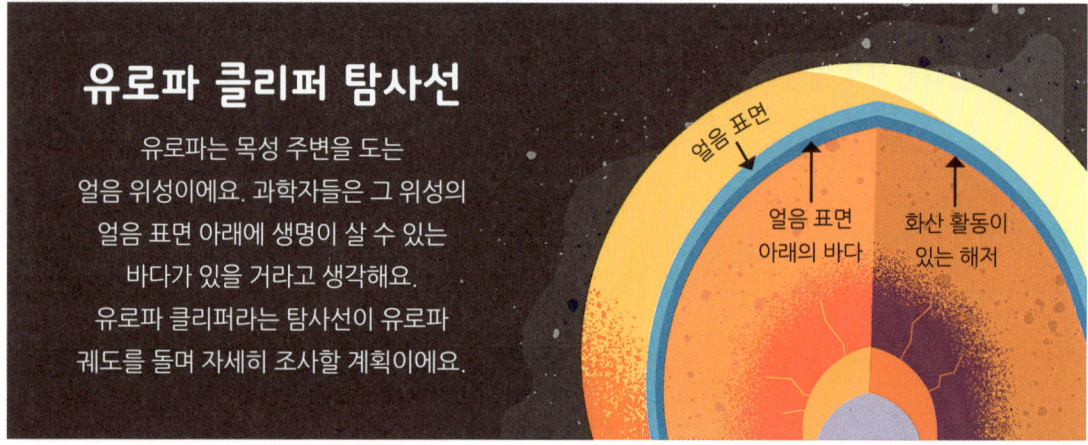

유로파 클리퍼 탐사선

유로파는 목성 주변을 도는 얼음 위성이에요. 과학자들은 그 위성의 얼음 표면 아래에 생명이 살 수 있는 바다가 있을 거라고 생각해요. 유로파 클리퍼라는 탐사선이 유로파 궤도를 돌며 자세히 조사할 계획이에요.

타이탄 탐사선 드래곤플라이

토성의 가장 큰 위성인 타이탄의 환경은 수십억 년 전 지구와 비슷해요. 다만 그때의 지구와 달리 타이탄의 호수에는 물 대신 액체 메탄이 가득해요. 과학자들은 2020년대 말에 *드래곤플라이*라는 이름의 날개 달린 탐사선을 타이탄에 보내서 생명 탄생의 흔적을 찾아볼 계획이에요.

지구의 여러 극단적인 환경을 연구한 결과, 이전까지 생명에 꼭 필요하다고 생각했던 햇빛이나 산소 같은 것이 없어도 잘 사는 생명체들이 있다는 것이 밝혀졌어요. 다른 행성이나 위성의 환경 조건이 지구의 극단적인 환경과 크게 다르지 않다면, 생명체가 있을지도 몰라요.

극한 생물은 깊은 바닷속, 시커먼 연기가 뿜어져 나오는 열수구 같은 극단적인 환경에서 사는 생물 종이에요. 열수구란, 바다 밑바닥에서 화학 물질과 광물질이 가득한 초고온의 물을 뿜어내는 구멍(굴뚝)을 말해요.

열수구 주변은 햇빛도 들지 않고 바닷물은 엄청나게 뜨거워요. 생명체가 정말로 살기 어려운 환경이죠.

하지만 이런 곳에도 생명이 있어요. 여기서 먹이 사슬의 생산자는 *화학 합성 세균*이라는 생물이에요. 햇빛 대신 물속의 화학 물질을 이용해서 먹이를 생산해요.

이 세균들이 생산한 먹이를 토대로 포식자와 피식자의 생태계가 만들어져요. 열수구 주변에 사는 거대한 관벌레는 이곳의 포식자로, 2미터까지도 자랄 수 있어요.

열수구
↓

과학자들은 목성의 위성 유로파의 바닷속에도 이런 구멍이 있을 거라고 생각해요. 유로파 클리퍼가 무엇을 발견하게 될지 아무도 몰라요.

생태계는 언제나 변신 중

균형이 조화롭게 잘 잡힌 생태계라도 그 안에서는 늘 변화가 일어나고 있어요.

아주 극적인 변화의 예를 한 가지 살펴보아요.
해저 화산이 폭발해서 새로운 섬이 생겨났어요.

1년이 지난 뒤, 섬 가장자리에서…

바람에 실려 온 씨앗들이 땅이나 바위 틈에
뿌리를 내리고 자라요. 이처럼 최초의 종은
대체로 성장이 빠른 풀이에요.

5년이 지난 뒤…

풀이 죽고 썩어서 흙이 돼요.
이제 큰 식물이 자랄 수 있어요.

10년이 지난 뒤…

이동하는 철새들이 이 섬에서 잠시 머물다 가요.
새로운 동물 종이 번성하기 시작해요.

50년이 지난 뒤…

생태계는 새로운 종이 나타날 때마다 변해요. 몇십 년이 흐르면,
섬은 우연히 쓸려 온 종들의 엉성한 집단을 벗어나 성숙하고 복원력 높은 생태계가 되어요.
차츰 생태계의 모든 틈새가 메꿔지고 평형 상태가 이루어져요.

수천수만 년이 흐르면 환경은 더 많이 변해요.
기후가 변하고, 산이 솟았다 꺼지고, 대륙 전체가 움직이고,
바다 밑에서 새로운 대륙이 솟기도 해요. 생태계는 이런 변화에 적응해야 해요.

예를 들어, 태양 주변을 도는 지구의 회전축은 오랜 세월이 지나는 동안 각도가 천천히 변해요. 그래서 지구의 여러 지역이 전보다 더 더워지거나 추워져요.

약 10,000년 전에 지구의 회전축 각도가 변했어요. 그 결과 오늘날의 사하라 지역은 빠른 속도로 덥고 비가 많은 곳으로 변했어요.

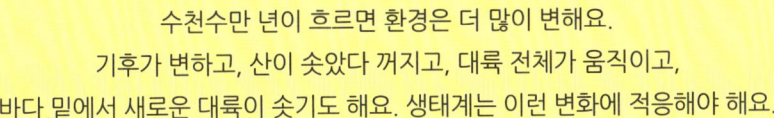

메마른 사막이던 곳이 푸른 초원으로 변해서 수많은 동물이 풀과 나무를 뜯어 먹으며 살았어요.

5,000년 전에 지구 회전축의 기울기가 다시 원래 상태로 돌아왔고 비가 멈추었어요. 사하라 지역은 다시 사막이 되었어요.

오늘날의 지구는 그때와 비슷하게 빠르고 극적인 변화를 겪고 있어.

그게 나쁜 건가요?

생물 다양성이 줄어드니까, 나쁜 일 같아.

휘이이잉

콰과앙!

저건 별로 좋아 보이지 않는데요….

제3장
무엇이 문제인가요?

6,600만 년 전에 지구에 운석이 충돌했어요.
그 뒤 몇 천 년 사이에 공룡을 포함해 지구 생명체의
4분의 3이 사라졌어요. 이처럼 지구 역사에서 일어났던
엄청난 규모의 멸종 사건을 **대멸종**이라고 해요.

생태학자들은 새로운 대멸종이 다가오고 있다고 말해요.
하지만 이번에는 운석 충돌이 원인이 아니에요.
우리 인간이 이미 알면서 또는 잘 모르는 채로 행하는
수많은 일 때문이에요.

지금 우리 지구에 어떤 일이 벌어지고 있는지,
그 원인은 무엇인지 알아내기 위한 연구가
오늘날 생태학에서 중요한 부분을 차지하고 있어요.

산양의 수수께끼

2015년에 카자흐스탄 스텝 초원에서,
희귀 동물인 사이가산양 20만 마리가 몇 주일 사이에 떼죽음을 당했어요.
죽은 산양의 수는 당시 지구에 살던 사이가산양의 절반이 넘는 것이었어요.

스텝

과학자들은 깜짝 놀랐어요. 어떤 한 무리가 죽은 게 아니라
넓은 지역에 흩어져 살던 수많은 무리가 한꺼번에 죽었으니까요.
그 산양들이 서로 접촉한 것도 아니어서
질병이 퍼졌을 가능성은 없었어요.

그런데 과학자들의 연구 결과, 유난히 따뜻했던
날씨 때문에 산양의 콧속에서 살던
해롭지 않던 세균이 매우 **위험한** 병균으로
변했다는 사실이 밝혀졌어요.

생태계에 생긴 아주 작은 변화가
엄청난 결과를 낳을 수도 있기 때문에,
정확한 원인을 찾아내기가 어려울 때가 많아.
그러니 앞날을 예측하는 건 더 힘들지.

하지만 사이가산양의 수가
다시 회복되고 있다니 다행이야.

휴!

마음을 놓기에는 아직 일러.
우리가 이해하지 못하는 게 너무 많거든.
사이가산양뿐 아니라
다른 것도 다 잘 몰라.

다섯 번의 대멸종

멸종은 자연스러운 일이에요. 사실 지금까지 지구에 존재했던 모든 생물 중의 99퍼센트가 멸종했어요. 멸종들은 다르지만, 멸종이 일어나지 않은 해는 아마 한 해도 없었을 거예요.

그런데 지구 역사에서 비교적 짧은 시간 안에 모든 생물 중의 70~90퍼센트가 사라진 일이 있었어요. 이런 시기를 **대멸종기**라고 하는데, 지구에서는 적어도 다섯 번의 대멸종이 있었다고 해요.

1. 오르도비스기 대멸종

4억 5,000만 년 ~ 4억 4,000만 년 전

추정 원인
지구 한랭화, 산소 결핍, 화산 활동 증가

멸종률
모든 종의 85퍼센트
멸종 생물의 예:
카클로스토마케라스 (원시 두족류)

2. 데본기 후기 대멸종

3억 7,500만 년 ~ 3억 6,000만 년 전

추정 원인
소행성 충돌, 급속한 지구 한랭화, 화산 활동

멸종률
모든 종의 70퍼센트
멸종 생물의 예:
틱타알릭 (육기 어류)
디메트로돈 (단궁류)

3. 페름기 대멸종

2억 5,200만 년 전

추정 원인
급속한 지구 온난화, 화산 활동, 이산화탄소와 메탄가스 증가

멸종률
모든 종의 90퍼센트
멸종 생물의 예:
고사리 곤충

4. 트라이아스기 대멸종

2억 100만 년 전

추정 원인
점진적 기후 변화, 소행성 충돌, 화산 활동

멸종률
모든 종의 70~75퍼센트
멸종 생물의 예:

5. 백악기 대멸종

6,600만 년 전

추정 원인
운석 충돌

멸종률
모든 종의 75퍼센트
멸종 생물의 예:
아르헨티노사우루스

여섯 번째 대멸종

오늘날 지구는 또다시 대멸종을 겪고 있어요.
현재의 멸종률은 자연스러운 멸종률보다 *100~1,000배* 높은 것으로 추정돼요.
지금을 여섯 번째 대멸종기로 보는 까닭이지요.

단 하나의 생물 종이 이런 멸종을 일으킨 적은 없었는데… 그 종이 바로 인간이에요.

인간 활동이 지구 표면의 **75퍼센트**와 바다 환경의 **66퍼센트**를 크게 변화시켰어요.

8,000년 전에 지구를 덮었던 숲의 **80퍼센트**가 훼손되거나 사라지고, 조각조각 쪼개졌어요.

축구장 27개만 한 면적의 숲이 **1분**에 하나씩 사라지고 있어요.

현재 세계적으로 생물 다양성 서식지의 **10퍼센트**와 바다의 **7퍼센트**만이 법으로 보호받고 있어요.

전 세계 산호초의 **33퍼센트**가 이미 죽었고, **33퍼센트**는 심각한 위험을 겪고 있어요.

전 세계 수산 자원의 약 **90퍼센트**를 사람이 지나치게 많이 잡거나 남김없이 채취해요.

생물 다양성이 감소하는 사례의 **80퍼센트**는 인간이 숲을 베어 내거나 서식지를 파괴했기 때문이에요.

식물의 **20퍼센트**가 멸종 위기에 놓여 있어요.

죽음의 해역이라 불리는 곳이 **400곳**이나 돼요. 죽음의 해역이란 어떤 생명체도 살 수 없는 바다로, '데드존'이라고도 불러요.

1970년부터 전 세계적으로 야생 척추동물(등뼈동물)에 속하는
동물의 종 수가 감소하고 있어요.
곳에 따라 정도의 차이는 있지만, 상황이 좋은 곳은 한 군데도 없어요.

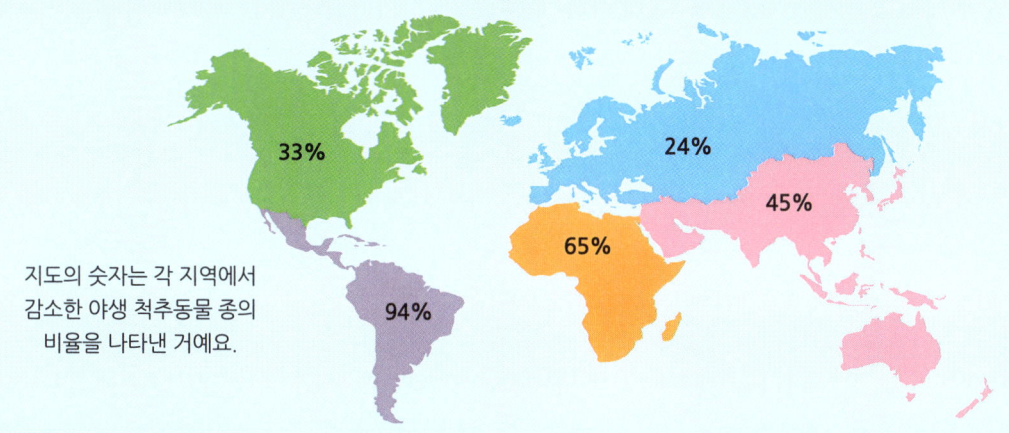

지도의 숫자는 각 지역에서 감소한 야생 척추동물 종의 비율을 나타낸 거예요.

33% 24% 45% 65% 94%

전 세계적으로 모든 종류의 유기체가 멸종 위험에 놓여 있어요.

양서류의 41퍼센트	포유류의 26퍼센트	파충류의 21퍼센트
조류의 13퍼센트	산호초를 만드는 산호의 33퍼센트	상어와 가오리의 37퍼센트
특정 갑각류의 38퍼센트	침엽수의 34퍼센트	특정한 종류의 식물 63퍼센트

지금 지구에는 160만 종의 생물이 살고 있어. 하지만 과학자들은 아직 발견되지 않은 생물이 700만 종쯤 더 있을 거라고 생각해.

우리가 모르는 새 나타났다가 사라지는 종도 많겠네요.

67

멸종이 왜 나쁜가요?

한 종이 사라지면 생태계 전체가 영향을 받을 수 있어요.
생태학자들은 산악 생태계에서 늑대 같은 핵심종이 빠지면
어떤 일이 일어나는지 연구했어요.

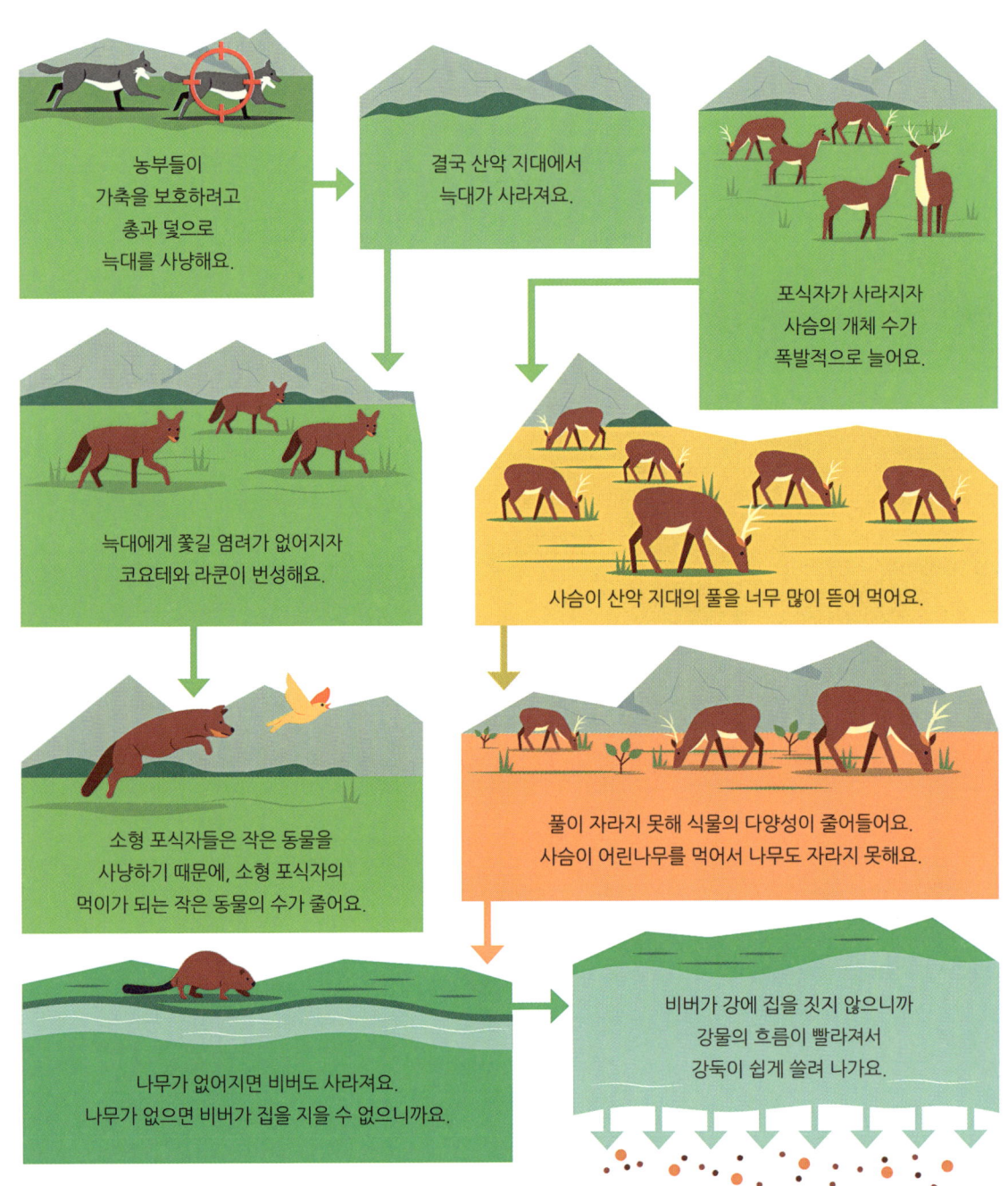

농부들이 가축을 보호하려고 총과 덫으로 늑대를 사냥해요.

결국 산악 지대에서 늑대가 사라져요.

포식자가 사라지자 사슴의 개체 수가 폭발적으로 늘어요.

늑대에게 쫓길 염려가 없어지자 코요테와 라쿤이 번성해요.

사슴이 산악 지대의 풀을 너무 많이 뜯어 먹어요.

소형 포식자들은 작은 동물을 사냥하기 때문에, 소형 포식자의 먹이가 되는 작은 동물의 수가 줄어요.

풀이 자라지 못해 식물의 다양성이 줄어들어요. 사슴이 어린나무를 먹어서 나무도 자라지 못해요.

나무가 없어지면 비버도 사라져요. 나무가 없으면 비버가 집을 지을 수 없으니까요.

비버가 강에 집을 짓지 않으니까 강물의 흐름이 빨라져서 강둑이 쉽게 쓸려 나가요.

이 예에서처럼 순차적으로 먹어서 개체 수가 조절되는 것을 **영양 단계 연쇄 반응**이라고 불러요.

아래의 그림은 2010년에 일어난 영양 단계 연쇄 반응의 사례예요.
멕시코만에 석유가 유출되어 수많은 바닷새가 죽은 사건이에요.

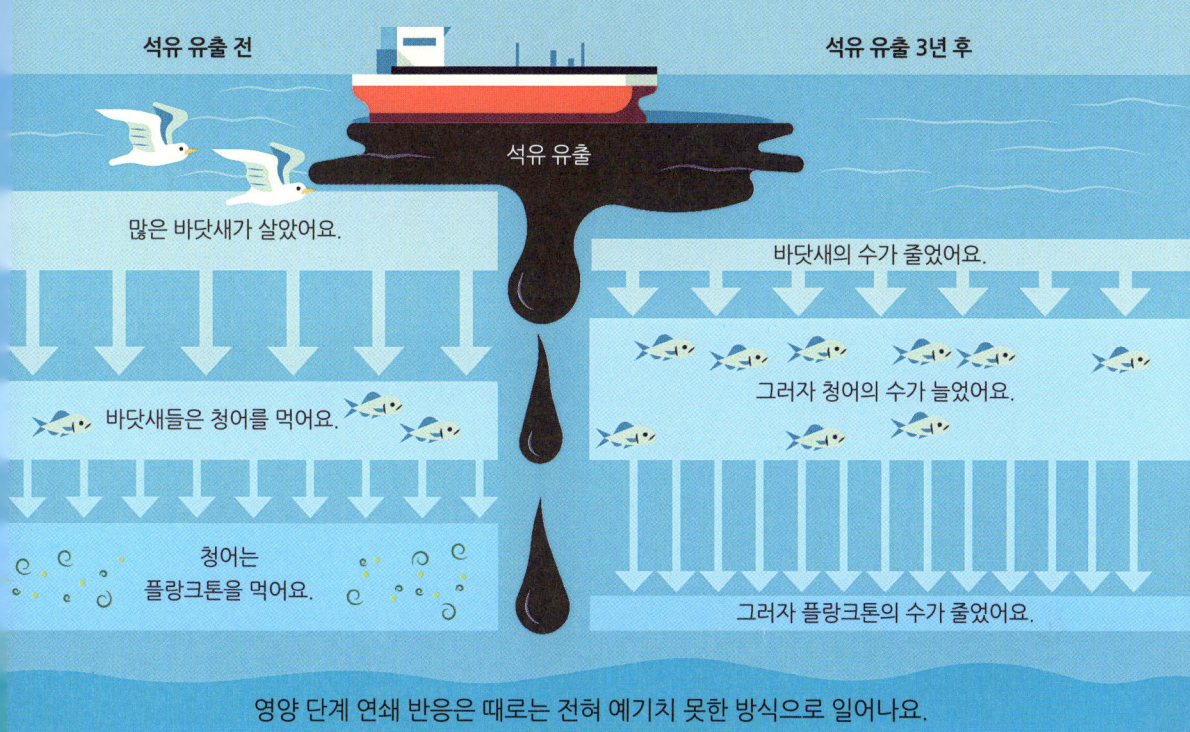

석유 유출 전
- 많은 바닷새가 살았어요.
- 바닷새들은 청어를 먹어요.
- 청어는 플랑크톤을 먹어요.

석유 유출 3년 후
- 바닷새의 수가 줄었어요.
- 그러자 청어의 수가 늘었어요.
- 그러자 플랑크톤의 수가 줄었어요.

영양 단계 연쇄 반응은 때로는 전혀 예기치 못한 방식으로 일어나요.
예를 들어 사람들은 옛날부터 고래를 사냥했고,
그 결과 많은 고래 종이 멸종 직전 상태로 내몰렸어요.
고래가 줄면 작은 물고기나 크릴(고래가 먹는 새우 같은 작은 동물)의 수가
늘어날 것 같지만 결과는 반대였어요.

- 고래의 개체 수가 줄자…
- …해수면에 퍼져서 바다에 영양분을 공급해 주는 고래 똥이 줄었어요.
- 고래 똥이 줄자, 그 영양분을 먹는 플랑크톤의 수가 줄면서…
- …크릴과 물고기가 먹을 게 줄어들었어요.
- 결국 바다에는 물고기와 크릴이 줄었어요.

집을 잃은 생물들

사람들은 계속해서 우리 지구를 농경지, 광산, 거주지로 바꾸고 있어요.
그 결과, 인간을 제외한 다른 생물 종들이 살 수 있는 공간은 갈수록 줄어들어요.
새로 바뀐 환경에 적응하지 못하는 생물 종은 멸종하고 말 거예요.

날이면 날마다, 바로 이 순간에도 막대한 면적의 자연 서식지가 파괴되고 있어요.

그 많던 곤충은 어디로 갔을까요?

지구에 사는 곤충의 개체 수는 다른 동물을 전부 합한 것보다 더 많아요. 곤충은 꽃가루받이를 해 주고, 영양분을 재활용하게 도와주고, 다른 동물들의 먹이가 되기 때문에 생태계에서 아주 중요해요!

하지만 생태학자들의 연구에 따르면, 전 세계 곳곳에서 곤충의 수가 빠르게 감소하고 있어요.

가장 큰 이유는 농업이에요. 사람들은 더 많은 땅을 농경지로 만들고, 늘 새로운 농사법을 도입하고 있거든요.

독일의 한 최신 연구에 따르면, 지난 30년 동안 곤충 풍부도는 75퍼센트나 떨어졌어요.

현대 농업은 어마어마하게 넓은 땅에 단 한 가지 작물만 키워요. 그리고 농약을 뿌려서 곤충들을 죽이고 토양을 오염시키지요.

1947년 이후 미국에서는 벌 군집의 절반이 사라졌어요.

곤충이 전부 사라지면 엄청난 혼란이 일어날 거예요.

푸에르토리코의 한 숲에서는 30년 만에 육상 곤충의 98퍼센트가 사라졌어요.

어떤 생태계는 생물 다양성이 아주 높은 동시에, 큰 위험에 직면해 있어요.
생태적으로 중요한 이런 곳을 생태계 핵심 지역이라고 해요.
생물 다양성이 줄지 않게 하려면 이런 핵심 지역을 자연 상태 그대로 잘 보존해야 해요.

온전한 핵심 지역은 지구 육지 면적의 2.5퍼센트밖에 안 되지만…

…그곳에서 세계 식물 종의 절반 이상이 살고,

조류, 포유류, 파충류, 양서류 종의 40퍼센트가 살아요.

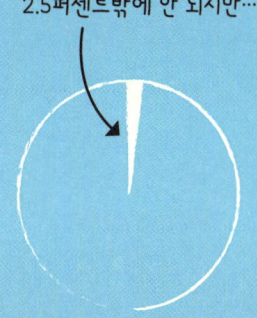
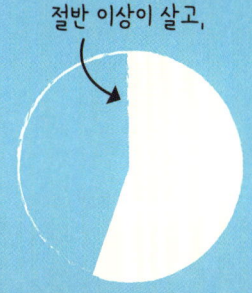

인간 활동이 생태계를 조각조각 잘게 나눌 때도 많아요.
이런 식으로 생물 서식지 **파편화**가 일어나면,
생물 종들이 고립되어서 온갖 문제가 생겨요.

열대 우림

1. 사람들이 나무를 베려고 열대 우림에 도로를 내요.

2. 생태계가 파편화돼요. 같은 종의 개체들이 여기저기 고립되어 사라져요.

3. 생물 종이 줄면서 생물 다양성이 줄어들어요. 먹이나 짝을 찾기가 점점 힘들어져요.

4. 점점 더 많은 종이 사라져요.

3. 사람이 늘면 살 집과 공간이 더 많이 필요해요.

2. 농경지가 늘어나서 식량 생산이 늘어요. 더 많은 사람이 살 수 있어요.

어디에나 늘 순환 고리가 있군요!

맞아, 정말 그래!

외부 침입자

생태계는 사람들이 세계를 돌아다니면서 의도적으로 들여오거나 우연히 가져온 새로운 생물 종 때문에 파괴되는 일이 많아요. 생태학에서는 이처럼 생태계 밖에서 새로 들어온 종을 '**침입종**'이라고 불러요.

물론 스스로 이동해서 오는 침입종도 있어요.

예를 들어, 어떤 식물들은 씨앗을 바람에 날려서 자손을 퍼뜨려요.

하지만 그보다는 쥐나 고양이처럼 멀리 항해하는 배에 숨어들어서 전 세계로 퍼지는 경우가 더 많아요.

다음과 같은 이점이 있다면, 침입종이 새로운 생태계에서 성공적으로 살 수 있어요.

여러 가지 먹이를 먹을 수 있으면, 한 가지 먹이만 먹는 토종 동물을 경쟁에서 이길 수 있어요.

새로 온 곳에 침입종의 포식자가 없으면, 더 쉽게 살아남고 번성할 수 있어요.

적응력이 높은 종이라면, 사람들이 환경을 변화시켜도 잘 대처할 수 있어요.

무엇보다도 번식 속도가 아주 빠르면, 순전히 개체 수의 힘만으로 자원 경쟁에서 다른 종들을 이길 수 있어요.

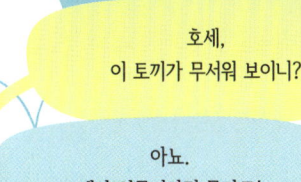

기후 변화

사람들이 일으킨 변화 가운데 지구의 모든 생태계에 영향을 미치는 것이 있어요.
바로 **기후 위기**예요.

사람들이 이산화탄소라는 기체를 공기 중에 너무 많이 배출한 것이 기후 위기의 가장 큰 원인이야.

자동차나 발전소에서 화석 연료를 태우면 많은 양의 이산화탄소가 공기 중으로 배출돼요. 농사를 짓거나 콘크리트를 생산할 때도 이산화탄소가 많이 나와요.

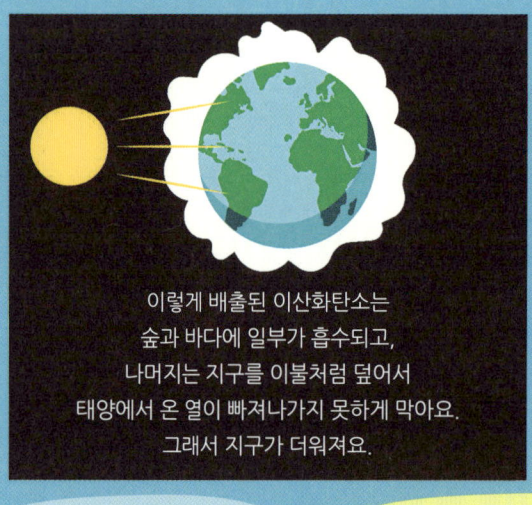

이렇게 배출된 이산화탄소는 숲과 바다에 일부가 흡수되고, 나머지는 지구를 이불처럼 덮어서 태양에서 온 열이 빠져나가지 못하게 막아요. 그래서 지구가 더워져요.

지구의 평균 기온은 지난 150년 동안 이미 섭씨 1도가량 올랐어요. 사람들이 계속해서 이산화탄소를 배출하면 평균 기온은 계속 올라갈 거예요.

하지만 기후는 늘 변하지 않나요? 사하라 사막도 초원이었던 적이 있잖아요.

맞아. 그런데 우리가 걱정하는 건 단순히 기온이 올라간다는 사실이 아니야. 기온이 올라가는 '속도'가 문제야.

마지막 빙하기 이후, 지구 온도가 5도 올라가는 데 5,000년이 걸렸어.

지금은 그보다 *10배나 더 빠르게* 더워지고 있어. 그러니 생태계가 적응할 시간이 부족하지.

기후 변화의 영향은 세계 곳곳마다 다르게 나타날 수 있어요.
하지만 지구는 아주 커다란 하나의 집합체이기 때문에 모든 것이 연결되어 있어요.
아래의 예는 북극에서 시작된 순환 고리가 어떻게 전 세계에 영향을 미치는지 보여 줘요.

1. 지구가 더워져요.

2. 빙하와 빙관
(산 정상의 빙하)의
얼음이 녹아요.

3. 얼음은 열을 반사해요.
그런데 얼음이 녹으면 어두운색의
땅과 바다가 더 많이 드러나고 이런 곳은
열을 흡수해요. 그래서 얼음이 줄어들면
지구는 더 많은 열을 흡수해요.

지구 온난화는 이미 우리에게 영향을 미치고 있을뿐더러, 갈수록 심각한 결과를 낳아요.
결국 지구의 모든 생태계를 한꺼번에 파괴해 버릴 거예요.

지구가 더워지면,
태풍은 더 강해지고
홍수가 더 자주 일어나요.

가뭄이 잦아지고 길어져요.
어떤 지역은 낮 기온이
위험할 만큼 높이 올라가요.

지구가 더워지면 숲이
건조해져서 산불이 잘 나고,
잘 꺼지지 않아요.

결국 지구가 더워질수록
생물이 살기 힘들어져요. 인간도 마찬가지에요.
그래서 생태학 연구에서 지구 온난화가
아주 중요한 주제가 되었어요.

75

다음은 어떻게 될까요?

기후 위기는 모든 생명체에게 어떤 식으로든 영향을 미쳐요.
생태학 연구는 기후 변화가 앞으로 어떤 문제를 일으킬지 내다볼 수 있게 해 주어요.

북극

기온이 오르면서 북극의 빙상(넓은 지역을 덮은 빙하)이 녹아요.

바다의 높이가 올라가서 해안 생물 군계가 물에 잠겨요.

해안

건조 지역

기온이 올라가면 건조 지역이 사막이 돼요.

산호초가 죽고, 그곳에 사는 생물들도 따라서 죽어요.

산호초

강

빙하가 녹아 사라지면 강물이 말라요.

기후 변화는 자연스러운 일이에요. 대개 수천 년에 걸쳐서 일어나기 때문에 생물 종들은 기후 변화에 적응할 수 있어요. 그런데 지금은 변화의 속도가 너무 빨라서, 진화의 속도로 따라잡을 수가 없어요. 바다거북의 예를 살펴보세요.

바다거북의 삶은 늘 어려웠어요. 과거에도 알을 낳으면 1,000개 중 어른 바다거북으로 자라는 건 한 개뿐이었어요. 그런데 이제 새로운 문제가 생겼어요.

바다거북의 암수는 어미 거북이 알을 낳는 모래의 온도에 따라 결정되어요. 모래 온도가 올라가면 수컷이 줄어들고, 멸종 위험이 높아질 수도 있어요.

해수면의 높이가 올라가고 폭풍이 심해지면 바다거북이 알을 낳는 장소도 파괴되어요. 바다거북은 대개 자신이 태어난 해변으로 돌아와 알을 낳아요. 하지만 해변이 사라지면 알을 낳으러 돌아올 수 없어요.

기후 변화가 어떤 하나의 생태계에만 영향을 미치는 것은 아니에요.
지구 전체의 거대한 작동 방식에도 교란이 일어나요.

식물 플랑크톤은 우리에게 꼭 필요한 미세 해양 식물이에요. 지구 산소의 '절반'을 식물 플랑크톤이 만들거든요.

식물 플랑크톤이 죽으면 바다 밑바닥에 가라앉아요. 이때 식물 플랑크톤은 매년 다른 식물 전체를 합한 것만큼 많은 이산화탄소를 흡수해요.

식물 플랑크톤을 확대한 모습 →

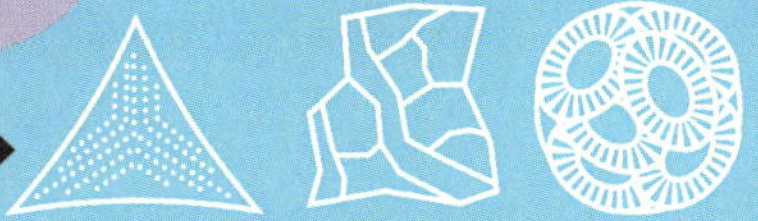

식물 플랑크톤은 바다의 윗부분에서 사는데, 식물 플랑크톤에게 필요한 영양분은 주로 바다 밑바닥에 있어요. 바닷물이 자연스럽게 섞일 때(해수의 유동) 영양분이 끌려 올라오므로, 식물 플랑크톤은 그걸 먹고 살아요.

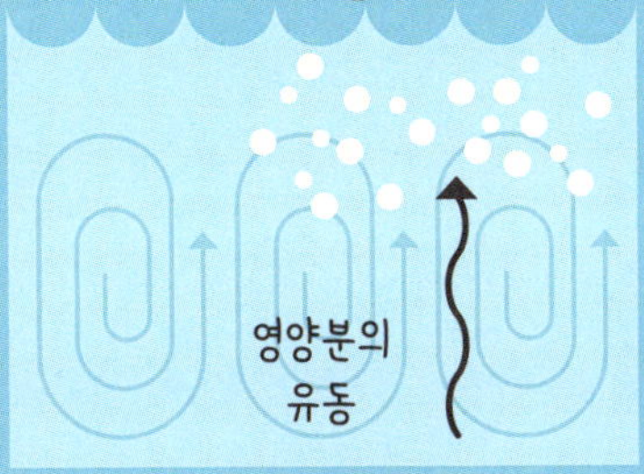

해수면

영양분의 유동

바다 밑바닥

하지만 바다가 따뜻해지면 물이 잘 섞이지 않아요.

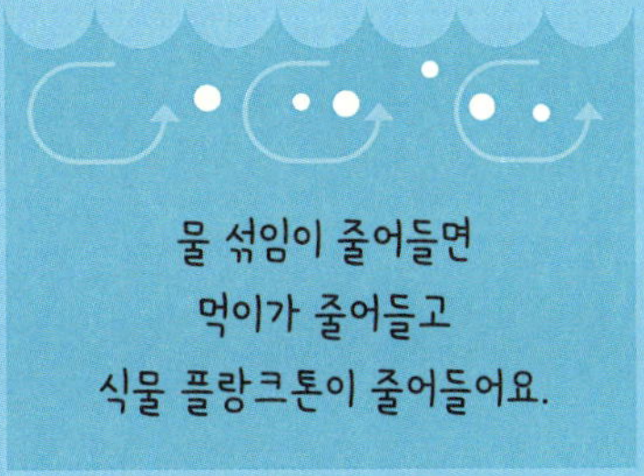

물 섞임이 줄어들면 먹이가 줄어들고 식물 플랑크톤이 줄어들어요.

물 온도가 올라가면 전 세계 바다의 75퍼센트에서 식물 플랑크톤이 줄어들어요.
식물 플랑크톤이 줄어서 탄소 흡수량이 줄면, 기후 변화가 **가속화**해요.
이것 또한 순환 고리예요.

1. 바닷물의 온도가 올라가요.

2. 식물 플랑크톤이 줄어들어요.

4. 온난화가 더 심해져요.

3. 그만큼 대기 중 탄소를 줄이지 못해요.

물론 기후 변화로 이익을 얻는 생물 종도 있어요.

예를 들어, 모기는 세상이 더 더워지면 살 수 있는 지역이 더 확대될 거예요.

모기가 더 많이 퍼지면, 모기가 옮기는 말라리아 같은 질병도 더 널리 퍼지겠지요.

77

오염된 지구

사람이 사는 곳에는 쓰레기가 있어요. 공장, 농경지, 도시에서 공기 중으로 각종 기체를 배출하고, 땅속으로 액체를 배출해요. 생태학에서는 이런 일이 지구에 어떤 영향을 미치는지 추적해요.

문제: 산성비

원인: 석탄이나 석유, 가스를 태우면 이산화황(아황산가스)과 산화 질소가 공기 중에 배출되어요. 이 기체들이 구름 속 물방울에 녹아서 빗물을 산성으로 만들어요.

배출원: 석탄 발전소, 공장, 자동차.

영향: 산성비는 나뭇잎과 풀잎의 표면을 갉아 내서 나무와 풀이 영양분을 흡수하기 어렵게 해요.

산성비가 땅에 내리면 흙 속의 영양분도 없애 버려요.

강물과 호수의 산성이 강해지면 어떤 생물 종은 사라질 수도 있어요. 그러면 먹이 그물에도 영향을 미쳐요.

문제: 죽음의 해역(바닷속에 산소가 없는 지역)

원인: 질소와 인이 많은 비료, 농약이 강이나 바다로 흘러들어요.

배출원: 농경지의 비료, 공장의 폐수, 생활 하수.

영향: 호수나 바다 밑바닥의 미세 조류가 과도하게 성장해서 산소를 다 흡수해 버려요.

수생 생물들이 죽거나 그 해역을 떠나 버려서, 죽음의 해역(데드존)이 되어요.

문제: 플라스틱 쓰레기

원인: 사람들은 일상생활의 거의 모든 영역에서 플라스틱과 비닐을 사용해요. 1950년대부터 생산된 63억 톤의 플라스틱 중 재활용된 것은 10퍼센트도 되지 않아요.

배출원: 포장재, 의류, 비누 등 세안 제품, 샤워 젤, 일회용 수저, 비닐봉지, 그물이나 낚시 도구.

영향: 플라스틱은 썩지 않아요. 땅속이나 바다에 '영구히' 남아서 지구의 모든 생태계를 교란해요.

많은 동물이 실수로 플라스틱을 먹어요. 동물의 몸속에 들어간 플라스틱은 병을 일으켜요.

플라스틱을 만들 때 사용하는 화학 물질이 땅이나 바다에 천천히 스며들어서 해를 끼치기도 해요.

물속에서 플라스틱은 아주 작은 조각으로 쪼개져서 동물들이 먹이를 먹거나 숨을 쉴 때 동물들 몸속으로 들어가요.

문제: 수은(수은은 아주 적은 양도 위험해요.)

원인: 석탄을 태우거나 금속을 캐낼 때 수은이 대기 중에 배출되어요. 그런 다음 비와 눈이 내릴 때 섞여서 지구로 되돌아와요.

배출원: 석탄 발전소, 난방과 조리에 사용하는 석탄 연료, 폐기물 소각장, 시멘트 공장, 금광.

영향: 바다로 흘러 들어간 수은을 아주 작은 생물이 먹게 되어요. 아주 작은 생물을 작은 물고기가 먹고, 작은 물고기를 큰 물고기가 먹어서, 수은은 바닷속 먹이 사슬의 꼭대기에 이르러요.

상어, 다랑어, 황새치 등 큰 물고기의 몸속에 쌓인 수은은 세포와 성장, 행동에 장애를 일으켜요.

배출되는 기체나 액체만 문제가 되는 건 아니에요. 사람들의 평범한 일상생활도 생태계를 오염시켜요. 특히 도시 생활이 끼치는 영향은 더 커요.

문제: 소음

배출원: 건설 공사, 자동차 엔진, 도로, 공항, 배, 레이더, 수중 음파 탐지기, 잠수함.

영향: 어떤 새들은 이제 낮이 아니라 밤에 울게 되었어요. 밤이 되어야 다른 새들이 자기 노래를 들을 수 있기 때문이에요.

동물들에게 청각 장애가 생겨요.

큰 소음은 고래와 돌고래 같은 바다 동물들의 방향 감각을 망가뜨려요. 그래서 길을 잃거나 심지어 해변에 올라와서 죽는 일도 생겨요.

문제: 빛(조명)

배출원: 밤사이 심지어 낮에도 불을 켜는 도시, 자동차 불빛, 가로등.

영향: 동물의 수면 주기와 일상 행동이 심각하게 영향을 받아요.

예를 들어 알을 깨고 나온 바다거북은 달빛을 보고 바다로 가는데, 인공조명 때문에 도로나 사람들의 거주 지역으로 가기도 해요.

사람들도 수면 부족 등 여러 가지 심각한 건강 문제를 겪어요.

우리가 원하는 삶은?

기후 변화 속에서 생태계의 복원력을 높이려면 사람들의 생활 방식을 바꾸어야 해요. 우리가 개인적으로 또 사회 전체적으로 고민하고 해결해야 할 핵심적인 문제를 몇 가지 살펴보아요.

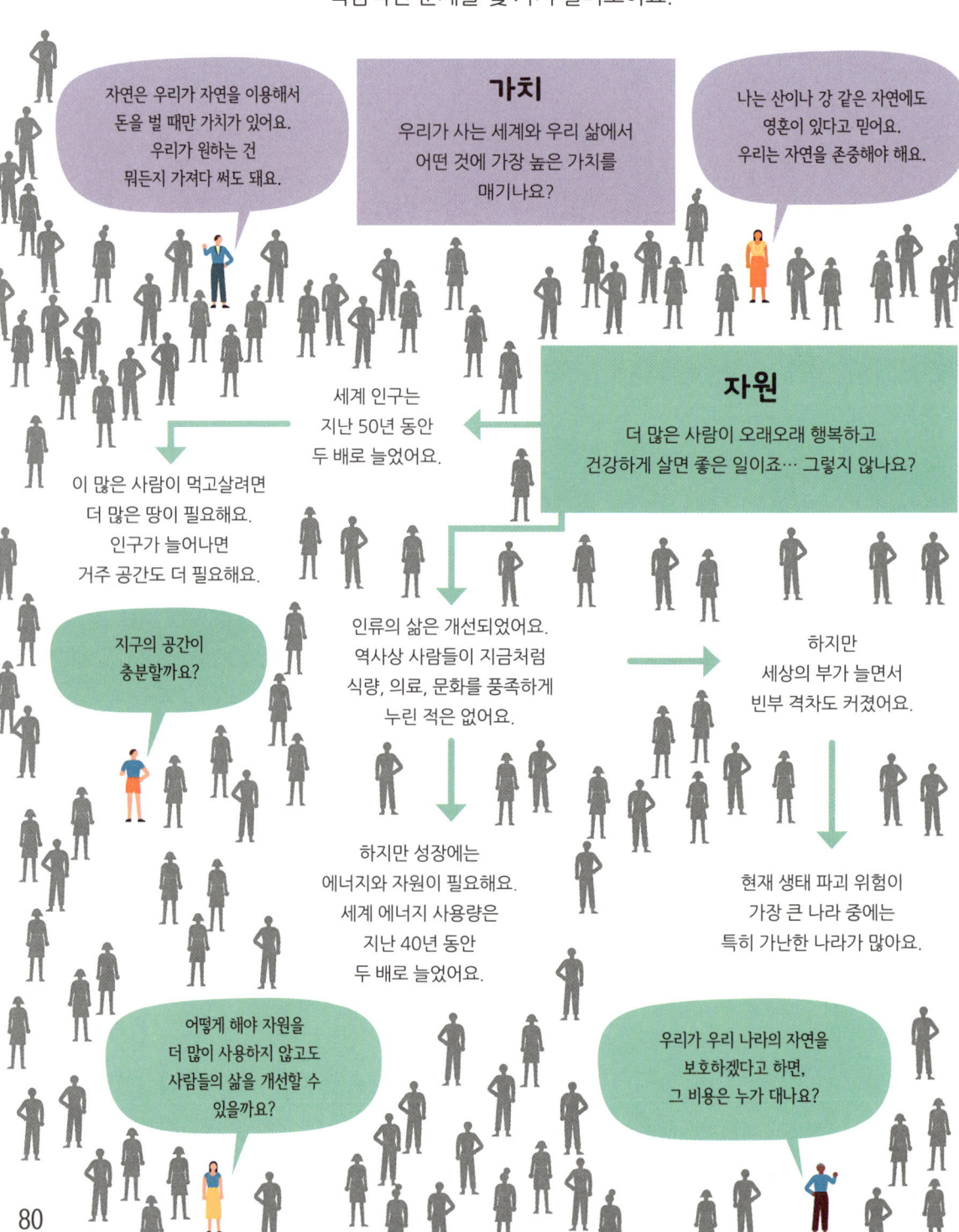

가치
우리가 사는 세계와 우리 삶에서 어떤 것에 가장 높은 가치를 매기나요?

자연은 우리가 자연을 이용해서 돈을 벌 때만 가치가 있어요. 우리가 원하는 건 뭐든지 가져다 써도 돼요.

나는 산이나 강 같은 자연에도 영혼이 있다고 믿어요. 우리는 자연을 존중해야 해요.

자원
더 많은 사람이 오래오래 행복하고 건강하게 살면 좋은 일이죠… 그렇지 않나요?

세계 인구는 지난 50년 동안 두 배로 늘었어요.

이 많은 사람이 먹고살려면 더 많은 땅이 필요해요. 인구가 늘어나면 거주 공간도 더 필요해요.

지구의 공간이 충분할까요?

인류의 삶은 개선되었어요. 역사상 사람들이 지금처럼 식량, 의료, 문화를 풍족하게 누린 적은 없어요.

하지만 세상의 부가 늘면서 빈부 격차도 커졌어요.

하지만 성장에는 에너지와 자원이 필요해요. 세계 에너지 사용량은 지난 40년 동안 두 배로 늘었어요.

현재 생태 파괴 위험이 가장 큰 나라 중에는 특히 가난한 나라가 많아요.

어떻게 해야 자원을 더 많이 사용하지 않고도 사람들의 삶을 개선할 수 있을까요?

우리가 우리 나라의 자연을 보호하겠다고 하면, 그 비용은 누가 대나요?

진보

어떻게 해야 우리가 책임 있고 지속 가능한 방식으로 잘 살아갈 수 있을까요? 진보는 어떤 모습인가요?

> 집약적인 농업이 우리가 전통적으로 해 온 방식보다 좋은 건가요?

> 우리가 키우는 작물의 DNA를 조작하는 게 좋을까요?

경제

우리는 어디에 돈을 써야 할까요?

> 세상에는 어지간한 나라보다 돈이 더 많은 회사도 있어요.

> 큰 회사들은 자기들이 일으키는 오염에 대해 공정한 대가를 내야 하지 않나요?

> 각국 정부는 전 세계적으로 1분에 110억 원이나 되는 돈을 화석 연료 산업에 쓴다고 해요.*

> 오늘날은 전 세계가 연결되어 있어서 우리는 세계 곳곳에서 생산한 물건을 살 수 있어요.

> 반대로 청정에너지에 1분당 110억 원을 쓰면 어떻게 될까요?

> 비싼 국산품을 사야 할까요? 아니면 싼 수입품을 사야 할까요?

정부

우리는 어떤 사회를 원하나요?

> 자연이 입은 피해를 치유하는 데는 아주 오랜 시간이 걸려요.

> 하지만 각 나라 정부는 대개 먼 미래보다 현재의 문제를 더 중요하게 생각하죠.

> 생물 다양성을 보존하려면 여러 나라가 협력해야 할 때가 많은데, 쉬운 일이 아니에요.

> 우리 나라의 농민은 어떻게 해요?

> 우리 나라 농민은요?

> 우리 세금은 야생 동물 보호보다 교육에 썼으면 해요.

*국제통화기금(IMF)에서 계산한 수치.

최악의 시나리오

생태학자들은 이미 곤충 수가 줄어드는 현상을 걱정하고 있어요.
곤충뿐 아니라 모든 육상 무척추동물(민등뼈동물)이 사라지면 어떻게 될지,
다음과 같은 가상의 시나리오를 생각해 볼 수 있어요.

출발

모든 무척추동물이 사라지면…

- 무척추동물을 먹는 모든 동물 (새, 박쥐, 개구리, 도마뱀, 물고기 등)이 굶어 죽어요.
- 그 동물들을 먹는 더 큰 동물(큰 새, 뱀 등)이 죽어요.
- 피식자(먹이)가 없으면 포식자 개체군이 굶주리고 수가 줄어요.
- 모든 생태계의 먹이 사슬이 무너져요.

우적우적
우적우적
냠냠

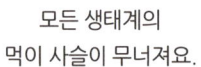

초식 동물들이 살아남은 얼마 안 되는 식물을 모조리 먹어 버리고, 결국 초식 동물도 많은 수가 굶주려요.

곤충의 도움으로 꽃가루받이를 하는 전 세계 95퍼센트의 식물이 사라져요.

사람이 직접 꽃가루받이를 해 주지 않으면 거의 모든 과일과 견과, 채소, 쌀, 밀, 옥수수가 사라져요.
(이런 일은 어떤 나라에서는 *이미* 일어나고 있어요.)

식물을 이용해 만드는 약이 100가지가 넘어요. 이제 이런 약을 만들려면 사람이 직접 식물의 꽃가루받이를 해야 해요. 약이 귀하고 비싸지겠지요.

슈퍼마켓에서 많은 식품이 사라져요.

자연 식품은 귀하고 비싸져서 부유층만 사 먹을 수 있어요.

의료 체계도 어려움에 빠져요.

필수 비타민과 무기질을 먹지 못해서 사람들의 건강이 나빠져요.

이미 위태롭고 불안정한 환경인데 더 많은 화학 물질과 미세 플라스틱이 배출되어 오염이 심해져요.

사방에 사체가 쌓여요. 죽은 생물체를 먹는 파리, 구더기, 딱정벌레 등이 사라져서, 세균과 균류만으로는 다 처리할 수가 없어요.

거의 모든 옷을 합성 섬유로 만들어야 해요.

이 때문에 곤충의 꽃가루받이가 필요 없는 식물들도 어려움을 겪고 사라져요.

공기와 흙을 섞어 주는 지렁이나 쇠똥구리가 없어져서, 물과 영양분이 잘 돌지 못하고 토양의 질이 나빠져요.

똥을 분해해서 흙과 섞어 주는 파리, 딱정벌레, 바퀴벌레가 없어서 똥이 쌓여요. 소 한 마리는 일 년 동안 테니스장 다섯 개를 가득 채울 만큼 많은 똥을 배설해요.

남아 있는 식물에 똥 속에 들어 있던 질소가 과도하게 밀려 들어와서 성장을 방해해요.

소, 돼지, 양, 닭 같은 가축의 먹이가 부족해져서 가축의 수가 줄어들어요.

우아, 무척추동물이 우리 생활에 이렇게 중요한지 몰랐어요.

솔직히 무척추동물이 완전히 다 멸종할 가능성은 드물어. 하지만 곤충 수가 줄어드는 건 정말 문제야.

내 몸의 벼룩들은 잘 사는 것 같은데.

83

제4장
가치 있는 싸움

지금은 자연 세계의 복원력(변화를 버티고 자정하는 능력)이
그 어느 때보다 중요해요. 생태학자들은 어떻게 하면
이 험한 폭풍을 뚫고 나갈 수 있을지, 가장 좋은 방법들을 찾고 있어요.

물론 세상에 도움이 되는 해결책 가운데에는
정치적, 경제적, 사회적인 방법을 써야 하는 게 많아요.
그런 해결책은 생태학자들보다는
정부와 기업의 손에 달려 있고, 쉽게 해내기 어려워요.
하지만 생태학자들은 열심히 연구하고 방법을 찾고 있어요.
지구를 구하기 위해 무엇을 해야 하는지,
실제로 생태학자들은 어떤 일을 *실천하*고 있는지 함께 살펴보아요.

생태계의 가치

자연계는 우리에게 얼마나 중요한가요? 우리가 생태계에서 어떤 혜택을 얻는지 살펴봄으로써, 자연계의 중요성을 알아볼 수 있어요. 생태학과 경제학에서는 자연이 인간에게 주는 혜택을 **생태계 서비스**라고 불러요.

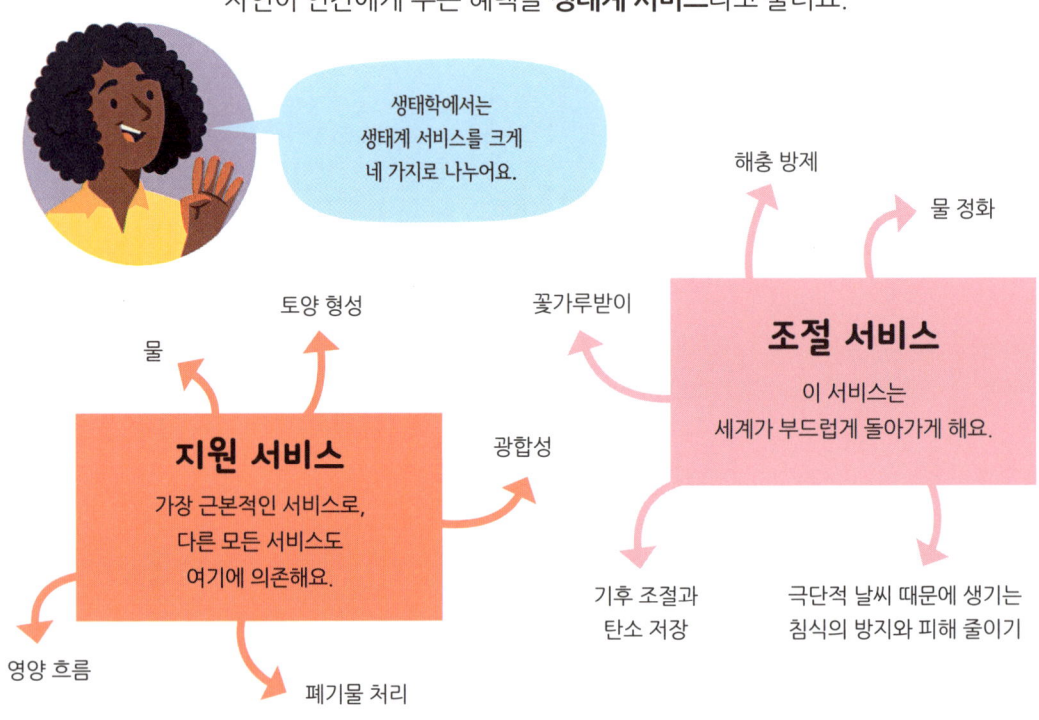

생태학에서는 생태계 서비스를 크게 네 가지로 나누어요.

지원 서비스
가장 근본적인 서비스로, 다른 모든 서비스도 여기에 의존해요.
- 물
- 토양 형성
- 광합성
- 영양 흐름
- 폐기물 처리

조절 서비스
이 서비스는 세계가 부드럽게 돌아가게 해요.
- 해충 방제
- 물 정화
- 꽃가루받이
- 기후 조절과 탄소 저장
- 극단적 날씨 때문에 생기는 침식의 방지와 피해 줄이기

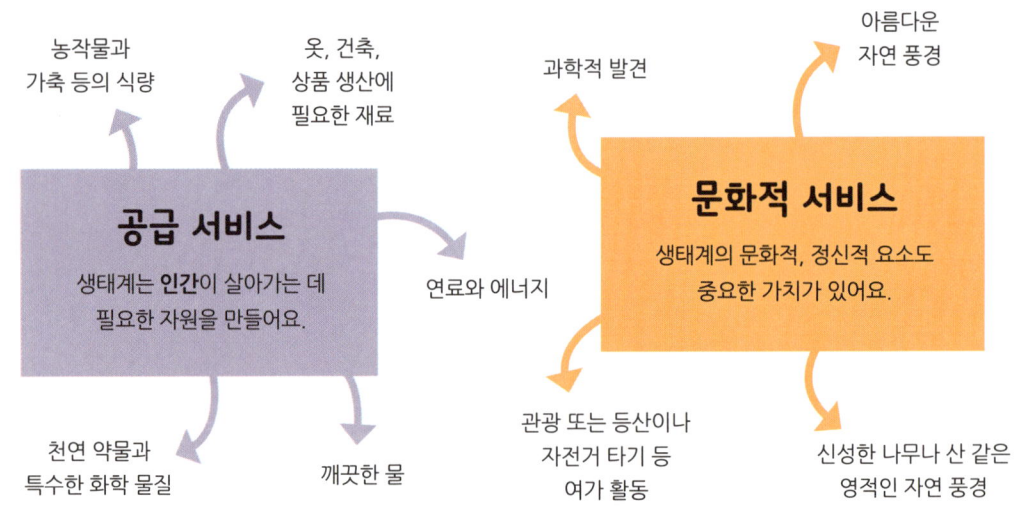

공급 서비스
생태계는 **인간**이 살아가는 데 필요한 자원을 만들어요.
- 농작물과 가축 등의 식량
- 옷, 건축, 상품 생산에 필요한 재료
- 연료와 에너지
- 깨끗한 물
- 천연 약물과 특수한 화학 물질

문화적 서비스
생태계의 문화적, 정신적 요소도 중요한 가치가 있어요.
- 과학적 발견
- 아름다운 자연 풍경
- 관광 또는 등산이나 자전거 타기 등 여가 활동
- 신성한 나무나 산 같은 영적인 자연 풍경

진정한 비용

생태계 서비스에 가격을 매기면 환경의 **가치**가 얼마인지,
또는 사람들이 만들어 낸 환경의 변화 때문에 얼마의 **비용**이 드는지 계산할 수 있어요.
이런 방법은 생태학을 정치인과 기업인이 이해하는 언어, 즉 **돈**으로 바꾸어 알려 줘요.

서로 다른 가치

자연이 우리에게 주는 모든 혜택을 가격으로 따지는 건 거의 불가능해요.
게다가 돈 말고도 중요한 게 있어요. 생태학자들은 생태계 서비스에 가격을 매길 때,
생태계가 저장하는 탄소의 총량 같은 자연적인 혜택도 포함해야 한다고 말해요.

해결책을 찾는 방법

생태학은 과학이에요. 그래서 생태학자들은 관찰 연구와 실험 연구를 많이 해요. **관찰 연구**는 왜 그런 일이 벌어지는지 사람이 영향을 미치지 않고 관찰하는 일이고, **실험 연구**는 이론이나 가설을 시험하는 거예요. 실험은 주로 실험실에서 하지요.

하지만 어떻게요? 생태계는 엄청나게 복잡하잖아요. 그런 걸 실험하기는 어려울 것 같은데요.

맞아! 복잡한 생태계에서 얽히고설킨 원인을 밝혀내는 건 정말 힘들지. 하지만 할 수 있어.

아래의 예는 비슷한 철새 두 종에 대한 비교 연구예요. 생태학자들은 좀도요의 수는 비교적 안정적인데, 붉은갯도요의 수는 빠르게(일년에 5~10퍼센트씩) 줄어드는 원인을 알아보려고 했어요. 답은 철새들이 *이주하는 방식*에 있었어요.

생태학자들은 새에게 꼬리표를 달아서 이주 경로를 추적했어요.

지도에 이주 경로를 표시해 보니, **붉은갯도요**는 오스트레일리아에서 북극으로 이주하는 중간에 들르는 장소가 언제나 똑같았어요. 붉은갯도요가 들르는 장소는 많지 않았고, 한 장소에서 길게 머물렀어요.

반대로 **좀도요**는 많은 곳을 들렀고 짧게 짧게 머물렀어요.

결국 붉은갯도요는 중간 방문지의 환경 변화에 복원력을 발휘하기 어려웠고 그 결과 개체 수가 줄어들었다는 것이 밝혀졌어요.

행동하는 생태학

생태학 지식에서 찾은 아이디어를 이용해 현실의 변화를 일으키는 것을
응용 생태학이라고 해요. 다음에 소개하는 것은 생태학자들이
이 세계의 복원력을 높이기 위해 제안하는 다양한 정책이에요.

정책 1: 생물 다양성을 보호해요

생물 다양성 보호는 *전 세계적인* 과제예요.
유전자 다양성과 종 다양성은 모든 생태계의 복원에 필수적인 조건이에요.

2022년 12월에 188개 나라가 '세계 생물 다양성 전략'에 합의했어요.
이 전략은 전 세계 자연 생태계와 야생 생물 종의 수를 늘리는 것이 목표예요.
2030년까지 전 세계 육지, 호수, 강, 해안, 바다의 30퍼센트 이상을 보호 구역으로 지정하고,
특히 생물 다양성 핵심 지역(지구에서 가장 중요하고 연약한 야생 지역)에
집중한다는 내용을 담고 있어요. 현재는 육지의 16퍼센트와 바다의 7퍼센트만
보호 구역으로 지정되어 있어요.

'보호 구역'은 어떻게 지정하나요?

그건 대개 각 나라 정부가 해야 하는 일이야. 단순하게 생각하면, 우선 넓은 지역을 인간이 간섭할 수 없게 막는 거지.

그냥 야생 지역 *전체*를 보호 구역으로 정하면 안 돼요?

그러면 좋겠지만, 안타깝게도 정치와 기업이 그렇게 놔두지 않아.

육지나 바다에 보호 구역을 지정하는 것 말고 또 할 수 있는 일은 없나요?

물론 있지! 각 나라 정부에서는 이미 다양한 환경 보호법을 많이 제정했어. 그중에는 침입종을 통제하거나, 오염 물질의 사용을 금지하고, 화석 연료 사용에 세금을 높게 매기는 것 등이 있어.

정책 2: 핵심종을 보호해요

어떤 종류의 체계(시스템)이든 핵심 부분에 문제가 생길 때를 대비해서 대체 수단을 준비해 둘 필요가 있어요. 대체 수단의 대체 수단까지 준비하면 더 좋아요. 이런 대체 수단의 수를 **중복성**으로 나타내요.

생태계에서 대체 수단은 *같은 틈새*를 메꾸는 다른 생물 종이에요.

파랑비늘돔, 자리돔, 쥐돔, 독가시치는 모두 열대 산호초에서 자라는 미세 조류를 먹어요. 그러니까 이 틈새는 **중복성이 높다**고 해요.

생태계를 연구하고 관리할 때는 핵심종이 특히 중요해요. 핵심종 동물은 그 생태계에 핵심 서비스를 제공하는데, 대체 생물 종이 없으면 **중복성이 낮다**고 말해요.

아프리카의 사바나 초원에서는 코끼리가 핵심종이에요. 코끼리는 덤불이나 아카시아 같은 작은 나무를 먹어서, 나무가 지나치게 크게 자라지 않게 해요. 사바나 초원이 숲으로 변하지 않는 것은 어린나무의 뿌리를 뽑을 수 있는 코끼리의 독특한 능력 때문이에요.

사바나 생태계에서 코끼리는 중복성이 낮아요. 어떤 종도 코끼리 같은 역할을 할 수 없으니까요. 따라서 밀렵꾼이나 다른 위협으로부터 코끼리를 지키는 일이 중요해요.

코끼리가 아카시아 어린나무의 뿌리를 많이 뽑아서 아카시아 나무는 크게 자라는 일이 드물어요. 이렇게 해서 생태계의 균형이 유지되지요.

정책 3: 연결해요

고립된 군집은 연결된 군집보다 복원력이 훨씬 부족해요. 공간도 부족하고, 생물 다양성이나 유전자 다양성도 떨어지기 때문이에요.

생태학자들은 고립된 군집들을 연결하기 위해서 **생태 징검다리**와 **생태 통로**를 만들어요.

생태 징검다리는 큰 서식지들 사이의 작은 땅이에요. 이주하는 동물들이 잠시 머물면서 쉬고 먹이를 구할 수 있어요.

생태 통로는 고립된 서식지들을 직접 연결하는 길이에요. 서식지들 사이에 있는 땅에 만들 수도 있고, 도로 위나 아래로 동물들이 다닐 수 있는 길을 만들 수도 있어요.

생태 통로는 아주 큰 규모로 만들 수도 있어요. '옐로스톤에서 유콘까지'라는 야심 찬 계획은 북아메리카 대륙에서 약 3,000킬로미터에 이르는 광대한 자연을 이리저리 연결하는 것이 목표예요.

이 계획은 특히 북아메리카불곰 보호에 중요해요. 곰이 살아가는 데는 아주 넓은 땅이 필요하거든요.

이 계획 덕분에 1993년 이후, 보호 구역 면적이 80퍼센트나 늘어났어요.

정책 4: 자연계에 순응해요

생물 다양성을 보호하기 위해 원래 자연계가 지닌 힘을 사용하면 유용해요.
자연계의 힘을 사용하는 한 가지 방법으로,
생태학자들은 생태계 안에 있는 유용한 순환 고리를 찾아내서 그것을 강화해요.

모든 게 연결되어 있다는 걸 잊으면 안 돼요.
때때로 우리가 도움을 주려고 한 행동이
뜻밖에 다른 영역에 해를 끼치기도 하거든요.
그래서 상황에 따라 계획을 바꿀 수 있어야 해요.

미국 오리건주에 있는
말러 국유림에서 그런 일이 있었지요.

미국 오리건주의 지방 정부는 오랫동안
말러 국유림을 보호하는 정책을 폈어요.
산불이 커지기 전에 빠르게 진화하고,
큰 나무들을 보호하며, 벌목을 금지했어요.

그러자 숲에 땔감이 되는
덤불과 큰 나무가 많아져서,
산불이 한번 크게 나면 예전보다
규모도 훨씬 커지고 피해도 심해졌어요.

그래서 주 정부는 정책을 바꿔서 얼마간의 벌목을 허용하고,
계획적으로 작은 산불을 일으켜서 산불을 크게 키우는 땔감을 줄였어요.
그 결과, 산불 관리가 전보다 쉬워졌어요.

정책 5: 재자연화를 해요

1926년에 미국 옐로스톤 국립 공원의 마지막 늑대들이 죽었어요. 70여 년이 지난 1995년에 국립 공원에서는 다시 늑대를 들여왔어요. 이런 방식의 생태 정책을 **재자연화**라고 해요.

재자연화는 자연적인 과정을 거쳐 땅을 형성하고 풍경을 되찾게 하는 일이에요.

늑대를 다시 들여오면서 공원이 어떻게 좋아졌는지 알아보세요.

엘크(사슴)

포식자인 늑대가 사라지자, 엘크는 자유롭게 먹이를 먹을 수 있었어요. 그러자 어린나무들이 남아나지 않았지요.

늑대가 있을 때는 사슴들이 이리저리 옮겨 다녀야 해서 한군데에서 오랫동안 풀을 뜯지 못했거든요.

풀과 나무

늑대가 다시 돌아와서 엘크가 먹이 활동 방식을 바꾸자, 계곡과 숲의 풀과 나무가 되살아났어요.

나무도 잘 자라서, 어떤 나무는 키가 예전의 다섯 배까지 커졌어요.

새와 곰

나무가 크게 자라니까 더 많은 새가 살 수 있게 되었고,

나무 덤불에 열매가 열리니까 곰이 살게 되었지요. 곰이 늘어난 것도 엘크 개체군의 폭발을 막는 데 도움이 되었어요.

비버

큰 나무가 많아진 건 비버에게도 좋은 일이었어요. 비버는 나무로 댐을 만들어서 강물을 막고 거기에 집을 짓고 살거든요.

비버가 만든 댐은 양서류, 오리, 수달, 물고기가 많이 살 수 있는 서식지가 되어요.

다른 동물들

늑대가 있으면 코요테가 쉽게 돌아다니지 못하니까 토끼와 쥐가 늘어요. 코요테는 토끼와 쥐를 먹지만, 늑대는 그런 동물을 잘 먹지 않아요.

그러면 여우, 족제비, 매가 먹을 게 많아지지요. 결국 생물 다양성이 전체적으로 높아져요.

국립 공원의 땅

가장 놀라운 것은 다시 들여온 늑대가 땅 자체를 바꾸었다는 거예요. 나무가 없을 때는 강둑이 깎이고 무너졌지만…

…지금은 엘크들이 계속 옮겨 다니니까, 나무가 잘 자라서 강둑도 튼튼해졌어요.

늑대가 사라지기 전과 완전히 똑같아질 수는 없겠지만, 그래도 돌아온 늑대들이 옐로스톤 생태계에 안정과 생명력을 되찾아 주었어요.

주의 깊게 살펴보고 노력을 기울이면, 전 세계 다른 곳에서도 이렇게 생태계를 되살릴 수 있어요.

땅을 빼앗긴 사람들

인간의 활동이 동식물의 삶만 파괴하는 것은 아니에요.
사람은 다른 사람들의 공동체도 파괴해요.

나는 투르발족이에요. 우리는 먼 옛날부터 지금의 오스트레일리아 브리즈번 근처에서 살았죠. 그러니까 우리는 **토착민**이에요. 이주민들에 앞서서 처음부터 살고 있던 사람들이라는 뜻이에요.

그런데 200여 년 전에 영국 사람들이 와서 우리 땅을 빼앗았어요.

지금도 세계 곳곳에서 토착민들이 자기 땅에서 쫓겨나고 있어요. 때때로 자연을 보호하기 위해서 그런 일이 벌어지기도 해요.

나는 인도의 아디바시족이에요. 우리는 원래 우리가 살던 땅에서 쫓겨났어요.

우리 땅에 호랑이 보호 구역을 만든대요.

나는 탄자니아의 마사이족이에요. 우리는 염소를 쳐야 하는데 계속 염소 칠 땅을 빼앗겨요.

정부에서 거기에 자연 보호 구역을 만든다고 해요.

자연 보호 구역을 만드는 건 좋은 일 같아요. 하지만 실제로 생태학자들이 토착민들이 관리하는 땅의 생태 환경을 평가한 결과, 91퍼센트가 좋다는 평가를 받았어요.

'아마존강 유역 토착민 단체 회의'의 의장인 호세 그레고리오 디아스 미라발은 이렇게 말했어요.

"여러분이 곤충과 동물만 보호하고 토착민을 보호하지 않는다면 그것은 앞뒤가 맞지 않는 일이에요.

우리는 *하나의* 생태계예요."

단순히 사람들을 쫓아내서 문제라는 건 아니에요. 실제로 땅을 잘 돌보는 방법도 아니거든요. 캐나다, 브라질, 오스트레일리아에서 한 관찰 연구를 보면, 정부가 만든 국립 공원보다 토착민들이 관리하는 땅의 생물 다양성이 더 높아요. 아래에서 중앙아메리카의 사례를 살펴보아요.

과테말라의 마야 생물권 보호 구역에서 토착민 공동체들은 30년 동안 숲에서 살면서 숲을 관리했어요.

토착민들은 일정한 정도까지는 벌목과 농업을 허락받았고, 관광객도 받았어요. 숲이 생계 수단이기 때문에 사람들은 숲을 잘 돌보았어요.

이 보호 구역에는 535종의 나비가 번성하고 있어요. 벌목도 지나치지 않고, 과테말라 다른 지역들보다 산불도 훨씬 적게 일어나요.

토착민들은 여러 세대에 걸쳐 그 땅을 관리하고 자원을 사용한 경험이 있어요. 생태계 보호에 토착민을 참여시키면 도움이 될 거예요.

충분한 지원을 받는다면, 이 땅은 조상 대대로 살아온 우리 토착민이 가장 잘 관리할 수 있을 거예요.

더 좋은 농업이 가능할까요?

안정적으로 충분한 양의 식량을 생산하는 것은 인간에게 매우 중요한 과제예요.
아래 그림은 오늘날 식량 생산이 환경에 어떻게 영향을 미치는지
한눈에 볼 수 있도록 나타낸 거예요.

지구에서 사람이 살 수 있는 모든 땅 가운데…
50퍼센트는 숲과 도시 지역이고,
나머지 50퍼센트는 농경지예요.

사람들이 사용하는 모든 민물 가운데…
가정과 산업체에서 30퍼센트를 쓰고,
무려 70퍼센트를 농업에 써요.

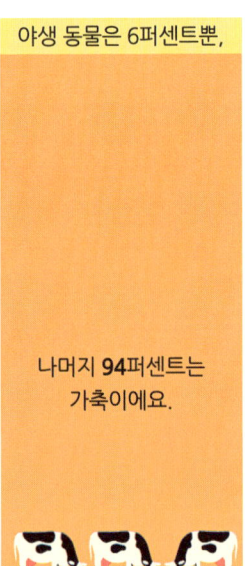

사람을 제외한 지구상의 모든 포유류 가운데…
야생 동물은 6퍼센트뿐,
나머지 94퍼센트는 가축이에요.

우리가 좀 더 환경을 책임지는 식생활을 하려면 어떻게 해야 할까요?
한 가지 간단한 방법은 고기를 덜 먹는 거예요. 소, 돼지, 양이 전체 농경지에서 차지하는 면적은 77퍼센트이지만, 같은 면적에 곡물, 과일, 채소를 기르는 것과 비교하면 가축들이 생산하는 에너지와 영양분의 양은 훨씬 적어요. 축산은 에너지를 얻는 방식으로는 효율이 낮아요.

인간이 농업으로 얻는 에너지의 83퍼센트가 식물에서 나오고,

고기와 유제품에서 얻는 건 17퍼센트 뿐이에요.

하지만…

농경지의 77퍼센트가 축산을 위해 사용되지요. 그중 일부는 가축이 사는 공간이지만, 대부분은 가축이 먹을 사료 작물을 키우는 데 써요.

23퍼센트만이 사람이 먹을 농작물을 기르는 데 사용돼요.

전 세계적으로 고기와 유제품을 얻기 위해 사용하는 농경지의 총면적은 대략 남북 아메리카를 합친 것과 비슷해요.

어업의 개선

바다는 지구 표면의 70퍼센트를 덮고 있는데, 바닷속에도 위험에 빠진 생태계가 많아요. 세계 각국 정부는 생명력을 유지하는 깨끗한 바다를 만들기 위해 함께 노력해야 해요. 어떻게 하면 바다의 생물 다양성을 보호할 수 있을지, 몇 가지 방법을 살펴보세요.

플라스틱 줄이기

해마다 엄청난 양의 플라스틱이 바다로 들어가, 해양 생물의 삶을 위협해요. 플라스틱 쓰레기 중 10퍼센트는 어선이 버린 어업 장비예요.

만약 정부가 낚은 어구를 시들인다면, 어부들은 쓰레기를 바닷속에 버리지 않을 거예요. 새로 냄비처럼 보일지 몰라도 나중에 쓰레기를 청소하는 것보다 돈이 덜 드는 방법이에요.

각국 정부는 포장 용기 같은 일회용 플라스틱 사용을 금지하거나 세금을 매길 수 있어요.

남획 금지

사람들이 먹는 자연산 물고기의 90퍼센트 가까이가 번식하는 것보다 더 빠른 속도로 잡혀요. 알 그대로 물고기의 씨가 마를 정도예요.

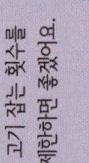

고기 잡는 횟수를 제한하면 좋겠어요.

그리고 저인망* 도 전면적*도 금지하고요.

*저인망: 바다 밑바닥으로 끌고 다니면서 깊은 바닷속의 물고기를 잡는 그물

크고 대담한 계획

환경을 보호하고 회복시키기 위해서 각국 정부와 국제기구는
전 세계 곳곳에서 크고 대담한 계획을 실행해야 해요.
생태학자들은 우리 모두가 지향점으로 삼을 수 있는
구체적이고 측정 가능한 목표를 제시했어요.

좋습니다!

2030년까지 전 세계에서
해마다 환경 보호에 쓰는 돈을
700조 원 이상으로 늘려요.

원대한 목표

멸종률을 지금
상태로 멈추거나
낮추어요.

자연 생태계의
면적과 연결망을
15퍼센트 더 늘려요.

켈프 숲

연못

모든 생태계의 20퍼센트를
예전 수준으로 되돌려요.

바다를 포함해서
세계 30퍼센트 지역의
생태계를 온전히 보호해요.

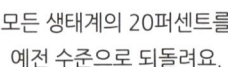

생물 다양성 보호
2050년까지의 목표

사바나 초원

생태계의 온실 기체
흡수 능력을 높여서
지구 온난화를 늦추어요.

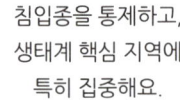

침입종을 통제하고,
생태계 핵심 지역에
특히 집중해요.

모든 배출원에서 나오는
오염 물질을 줄여서
생태계에 해를 끼치지 않는
수준으로 만들어요.

사람들에게 식량, 주거, 의약품을 충분히 공급하면서도, 자연을 지나치게 훼손하지 않아요.

농업, 임업, 어업에 지속 가능한 방식을 도입해서 생물 다양성을 해치지 않게 해요.

사람들의 건강한 삶

모든 사람(특히 도시 주민)이 공원, 숲 같은 '녹색 지역'과 호수, 강 같은 '청색 지역'에 쉽게 갈 수 있게 해요.

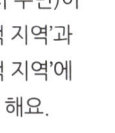  

물과 공기를 정화하고 극단적인 날씨를 막아 주는 자연의 능력을 지키고 키워요.

교육을 통해 사람들이 책임 있는 결정을 내리는 데 필요한 정보를 주어요.

중앙 및 지방 정부가 어떤 결정을 내릴 때는 언제나 생물 다양성 보호를 생각해 보게 해요.

크고 작은 모든 기업은 기업 활동이 생물 다양성에 미치는 영향을 보고할 의무가 있어요. 부정적인 영향은 반으로 줄여야 해요.

이 목표를 달성할 수단

환경을 보호하는 정책에 돈을 써요. 예를 들어, 농약을 사용하지 않는 농민을 지원해 주어요.

환경을 해치는 정책에 돈을 쓰지 않아요. 예를 들어, 석탄 광산이나 지나친 어획은 지원해 주지 않아요.

각국 정부가 정말 이 모든 일을 할까요?

일단 약속은 했어. 중요한 것은 약속을 지키게 하는 건데….

103

희망적인 미래

2050년이 되면, 지구 인구는 아마 100억 명 가까이 될 거예요.
그중 70퍼센트가량이 도시에서 살 거고요. 우리가 지금 올바른 일을 한다면,
그때의 도시는 다음과 같은 모습이 될 *가능성도* 있어요.

건물 옥상과 벽에 식물을 키우면,
식물이 공기 중의 이산화탄소를 흡수하고
건물의 단열 효과도 높여 줘요.
작은 규모지만 농사도 지을 수 있어요.

빗물을 모으고
걸러서 재활용하면,
도시로 끌어 들여야 하는 물을
줄일 수 있어요.

도시 안의 생물 다양성이 높아지면
곤충과 새가 많이 살 수 있어요.

도시에 넓은 녹지 공간이 많으면
스펀지 도시가 돼요. 스펀지 도시는
이산화탄소를 흡수하고, 물이 흙 속에
천천히 스며들어요. 물이 토양 속을
천천히 흐르면 홍수와 가뭄을
방지하는 데 도움이 돼요.

실내 농업에서는 농약을 쓰지 않아요.
농업 폐기물이 호수, 강, 바다로
흘러 들어가는 일도 없어요.

정원에는 잔디 대신
건식 조경이 가능한,
지역 토종 식물을 심어요.
건식 조경은 물을 잘 주지 않아도
되는 조경 방식이에요.

지하 농장을 활성화해서 흙이 필요 없는
수경 재배 방식으로 농작물을 키워요.
고효율 LED 조명으로
에너지를 공급하는 방식인데,
환경에 미치는 영향이 아주 작아요.

제5장
나도 생태학자

주변 세계에 관심을 갖고 탐구할 수 있는 사람은
누구든 생태학 연구에 참여할 수 있어요.
생태학을 연구하는 학자들은 아직도 수많은 질문에 대한
답을 찾고 있어요. 때때로 모든 일을 직접 하기보다
전 세계 곳곳에 살고 있는 사람들에게
정보를 수집해 달라고 부탁하는 게 훨씬 나을 수도 있어요.

또한 생태학은 과학 연구에 그치는 게 아니라,
우리의 생활 방식을 돌아보는 일이기도 해요.
생태적으로 사고한다는 것은 주변 환경에 도움이 되는
선택을 한다는 뜻이에요. 우리의 선택은 갈수록 더 중요해요.
지구와 지구에서 사는 모든 생명체에게 안전한 미래를
안겨 주어야 하기 때문이죠.

그 일을 어디서부터 시작할까요? 바로 우리 집이에요.

일상생활 속 생태학

생태적으로 생각하며 산다는 것은 환경을 보호하기 위해 노력하며 산다는 뜻이에요.
일상생활 속에서 누구든지 쉽게 실천할 수 있는 환경 보호 방법은 아주 많아요.
작은 일도 많은 사람이 함께 하면 큰 변화를 만들 수 있어요.

우리 집 생활 방식에 몇 가지 변화를 주는 건 어떨까요?

그렇게 열성을 보이다니 좋구나. 뭘 하고 싶니?

자전거를 많이 타고, 고기를 줄이는 거요.

누구든지 가족이나 친구에게 아래와 같은 실천을 제안할 수 있어요.
모두 에너지 사용과 쓰레기 배출을 줄여서, 생태계 보호에 도움이 되는 일이에요.

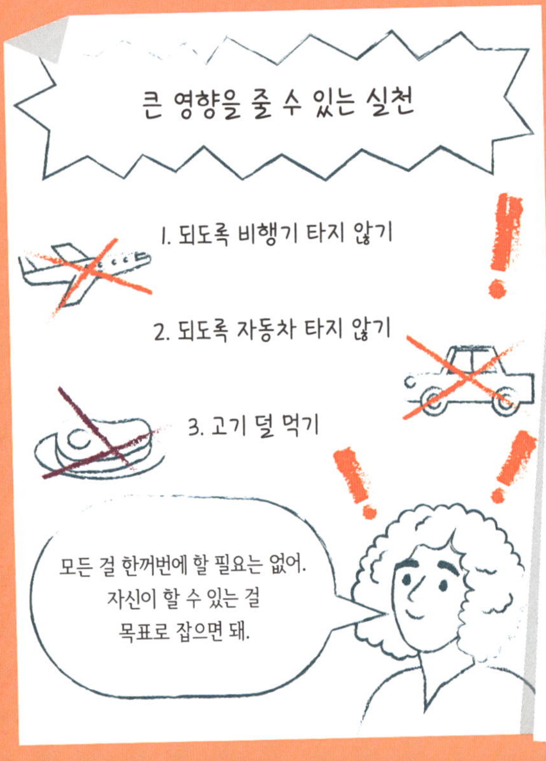

큰 영향을 줄 수 있는 실천

1. 되도록 비행기 타지 않기
2. 되도록 자동차 타지 않기
3. 고기 덜 먹기

모든 걸 한꺼번에 할 필요는 없어. 자신이 할 수 있는 걸 목표로 잡으면 돼.

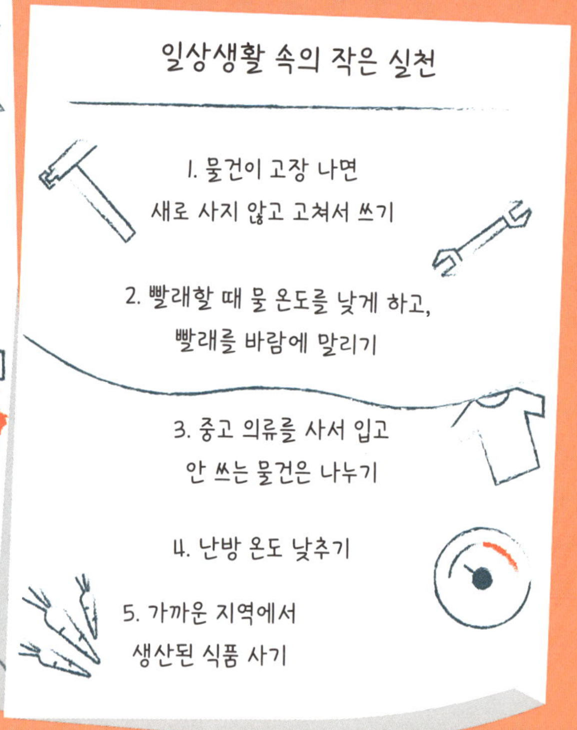

일상생활 속의 작은 실천

1. 물건이 고장 나면 새로 사지 않고 고쳐서 쓰기
2. 빨래할 때 물 온도를 낮게 하고, 빨래를 바람에 말리기
3. 중고 의류를 사서 입고 안 쓰는 물건은 나누기
4. 난방 온도 낮추기
5. 가까운 지역에서 생산된 식품 사기

정부와 기업도 생태적 사고를 해야 해요.
하지만 정부나 기업을 변화시키는 일은 가족의 생활을 바꾸기보다 훨씬 어려워요.

여러분은 어려서 세상일에 직접 관여할 수는 없지만, 여러분 목소리를 전할 수는 있어요.

뜻이 같은 사람들과 함께 행동하면 다른 사람들의 관심을 끌 수 있어요. 친구들과 함께 학교에서 변화를 시작하는 거예요.

동네에서 행사를 개최해서 청원에 서명을 받아요. **청소년의회**처럼 어린이, 청소년의 목소리를 알리기 위해 만든 단체에 참가할 수도 있어요.

습지를 살립시다: 쓰레기 주워 오기

정부와 기업에는 무엇을 하라고 요구하면 좋을까요?

정부와 기업에 편지를 써요. 지구 온난화를 늦추고 생태계를 어떻게 보호할지 목표를 설정하라고 요구하는 거예요.

우리는 변화를 원한다!

정부나 기업에서 목표를 최대한 높게 잡도록 밀어붙여야 해요. 예를 들어, 모든 석탄 발전소를 태양광과 풍력 발전소로 교체하자고 하는 거예요. 지금 당장!

한 번에 그치지 않고 계속 주장해야 해요. 정부가 약속을 실천하기까지는 여러 해가 걸리고 우리의 지도자들이 약속을 지킬지 말지는 우리가 하기에 달려 있으니까요.

자기 쓰레기는 자기가 치우자

석탄은 이제 그만!!!

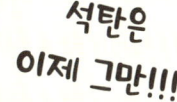

109

지역 생태계를 보호하려면?

각자의 집에서도 자신이 사는 지역 생태계의 복원력을
높이는 일을 할 수 있어요. 작지만 중요한 생태적 실천이에요.
어떤 방법이 있는지 알아보아요.

곤충을 위해 식물을 심어요

꽃 피는 식물을 심으면 벌이나 나비 같은 꽃가루받이 곤충에게 좋아요.
집 안팎에 다양한 꽃을 심으면 그만큼 다양한 곤충이 혜택을 누려요.
식물을 심을 때는 그 지역에 흔한 종을 심는 게 좋아요.
그런 식물은 이미 그 지역 환경에 적응한 종이니까 잘 자라요.

새를 위해 모이대를 만들어요

새 모이대를 설치하면 새들이
일 년 내내 먹이를 구할 수 있어요.
다만 모이통 채우는 일을 잊으면 안 돼요!

오늘날 영국에는 절반 정도의 주택에 새 모이대가 있어요.
그 덕분에 야생 조류 개체군이 크게 늘었죠.
지난 40년 동안 30종이 넘는 새가 새 모이대를 찾아왔는데,
그 새들은 모두 개체군이 커졌어요. 하지만 모이대를
이용하지 않은 종은 개체 수가 늘지 않았어요.

유럽오색방울새 같은 새는
예전에는 정원에서 보기 힘들었지만,
지금은 도시에서 흔히 볼 수 있는 새예요.

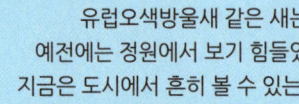

썩을 것은 썩게 두어요

자연을 무조건 깔끔하게 치우는 것보다는 손대지 않고 그대로 두는 게 생태계에 도움이 될 수 있어요. 그러면 야생 동물이 먹을 것과 지낼 곳이 늘어나거든요.

통나무와 나뭇가지 등을 치우지 않고 그대로 썩게 내버려 두면, 곤충과 균류 같은 분해자들이 그곳에서 살고 번성할 수 있어요.

벌과 말벌류는 꽃이 죽으면 그 줄기에 둥지를 지어요.

개구리는 낙엽 더미 속에서 겨울잠을 자요.

정원 울타리 밑에 작은 구멍이 나 있으면, 호저 같은 작은 동물들이 쉽게 돌아다닐 수 있어요.

내가 사는 지역 연구하기

생태학 연구에서는 특정한 종의 수를 파악하는 일이 중요해요. 하지만 생물의 이름을 모르면 수를 제대로 셀 수가 없겠지요. 그러니까 자기 지역에서 사는 식물, 동물, 곤충의 종을 알아 두면 좋아요. 그러면 자연에 나가는 일이 더 재미있어지고 생태학 실력도 늘 거예요.

자신이 사는 지역에 어떤 식물이나 동물, 곤충이 있는지 조사하는 생물 탐사 활동에 참여해서 배울 수도 있어요.

무엇을 연구하나요?

생태학자들은 어떤 환경이든지 중요하게 생각해요.
아주 작은 생태계가 중요한 답을 줄 수도 있지요.
다음은 2011년 새해 첫날, 생태학자 롭 월턴이 시작한 관찰 연구예요.
월턴은 1년 동안 집 근처에서 자라는 산울타리를 연구했어요.

산울타리란 덤불과 나무로 이루어져
들판과 도로의 경계 역할을 하는 천연 울타리예요.
영국에는 수천 년 된 산울타리도 있어요.

롭 월턴의 연구 과제는
자기 집 근처에 있는 85미터 길이의
산울타리에 사는 식물과 동물과 균류의
종을 전부 세는 것이었어요.

처음에는 1년 동안 하려고 했지만,
연말에도 새로운 종이 계속 발견되어서
1년 더 하기로 했어요.

월턴은 이 한 곳의 산울타리에서
2,000종 이상의 생물을 찾아냈어요.
이로써 산울타리가 영국 생태계에서 중요한
생물 다양성 핵심 지역이라는 게 증명되었어요.

영국에 있는 산울타리를 모두 합하면
그 길이는 50만 킬로미터에 달해요.
산울타리는 영국의 다양한 생태계를
연결하는 생명의 고속도로 같은 역할을 해요.

월턴을 비롯한 여러 사람의 연구 덕분에, 영국 기후변화위원회에서는
산울타리 연결망을 40퍼센트 늘리자는 정책을 제안했어요.

월턴의 연구는 동네 산울타리에 사는 생물 종의 수를 센 것뿐이지만,
그 덕분에 새로운 아이디어와 정책이 생겨났어요. 하지만 그보다 훨씬 규모가 큰 연구를 하는
생태학자들도 있어요. 생태학 연구에서 답을 찾아야 할 질문은 아직도 무척 많아요.

균류는 어떻게 돼 가고 있지?

균류에 대해서는 아직 모르는 것투성이에요. 최근에는 균류가 서로 대화할 수 있다는 연구가 발표되었고, 여기저기서 이 가설을 실험하고 있어요.

세계화는 진화에 어떤 영향을 미칠까?

지난 50년 동안 세계는 전보다 훨씬 더 많이 연결되었어요. 이런 과정을 '세계화'라고 해요.

역사상 이런 일이 없었기 때문에, 전 지구의 생태계가 이처럼 직접 연결된 게 진화에 어떤 영향을 미치는지 아직 알지 못해요.

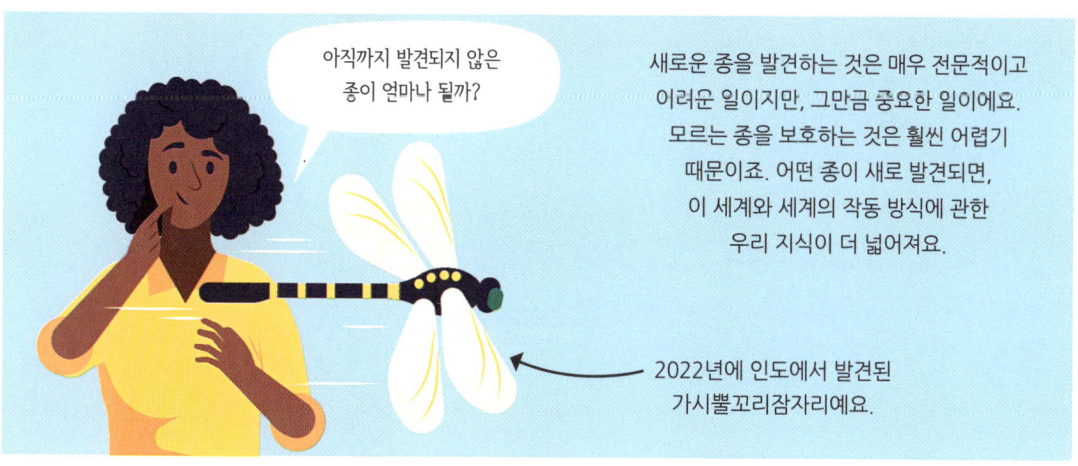

아직까지 발견되지 않은 종이 얼마나 될까?

새로운 종을 발견하는 것은 매우 전문적이고 어려운 일이지만, 그만큼 중요한 일이에요. 모르는 종을 보호하는 것은 훨씬 어렵기 때문이죠. 어떤 종이 새로 발견되면, 이 세계와 세계의 작동 방식에 관한 우리 지식이 더 넓어져요.

2022년에 인도에서 발견된 가시뿔꼬리잠자리예요.

학자들이 생태학의 중요한 질문에 답을 찾기까지 수십 년이 걸리기도 해요.
확실한 것은 한 가지 질문에 답을 찾으면, 또다시 새로운 질문이 생겨난다는 거예요.
생태학도 생물처럼 계속 진화해요.

모두 힘을 합해

생태학의 중요한 질문에 생태학자들은 어떻게 답을 찾을까요? 한 가지 방법은 최대한 많은 데이터를 모으는 거예요. 바로 이 순간에도 세계 곳곳에서 어린아이부터 나이 든 노인에 이르기까지 다양한 사람이 거대한 생태학 연구에 참여하고 있어요. 이런 연구를 **시민 과학**이라고 해요.

시민 과학자들은 전 세계에서 온갖 유기체의 데이터를 모아서 제공하는 중요한 역할을 하고 있어요.

생태학 연구에 참여하는 시민 과학 자원봉사자들은 주로 야외로 나가서 야생 동물의 수를 세고, 행동을 기록하고, 사진을 찍어요.

나는 캐나다 온타리오주에 살아요. 지금 호리비단벌레를 찾고 있어요. 이 벌레는 침입종이에요.

원래 이 지역에 살던 종이 아니라서, 이곳 생태계에 해를 끼칠 수 있어요.

자원봉사자들은 생태학 연구에서 중요한 역할을 해요. 한 명의 전문 연구자보다 훨씬 넓은 지역에 걸쳐서 더 많은 데이터를 모을 수 있으니까요.

시민 과학이 중요한 까닭은 데이터를 많이 모으는 게 연구에 아주 큰 도움이 되기 때문이에요. 데이터가 많으면 생태학자들은 좀 더 정확한 예측을 할 수 있을 뿐더러, 우리를 둘러싼 세계와 그 변화를 더욱 정확하게 파악할 수 있어요.

호리비단벌레

시민 과학 연구의 예를 몇 가지 살펴보아요.

물 관찰

자원봉사자들이 강, 호수, 바다의 사진을 찍어서 보내면,
생태학자들은 그 사진을 보고
다양한 물 생태계의 건강 상태를 연구해요.

생태학자들은 물속에
어떤 입자가 있는지 알고 싶어 하지요.
대개는 침전물과 조류,
식물 플랑크톤이 섞여 있어요.

물속 입자들의 균형이
잘 잡혀 있다면,
물이 건강하다는 뜻이에요.

작은멋쟁이나비 이주 연구

작은멋쟁이나비는 전 세계를 이리저리 오가며 살아요.
자원봉사자들은 작은멋쟁이나비를 목격하면
웹사이트에 목격 장소를 올려요.
그러면 생태학자들이 나비의 이주 경로를 추적하고,
나비들의 번식 장소를 알아내는 데 도움이 돼요.

새벽의 노래

'새벽의 노래'라는 이름의 연구 과제는 세계 곳곳에서 새벽에 들리는
새 울음소리를 파악해 새소리 지도를 그려 보는 거예요.

음향 생태학은 소리를 녹음해서
생태계를 연구하는 방법이에요.
생태학자들은 찾기 어려운 종을
추적할 때 이 방법을 많이 써요.
이렇게 하면 생태계를 교란하지 않고도
오랜 시간에 걸쳐 야생에서
벌어지는 일을 추적할 수 있어요.

생태학자의 도구

생태학자들은 현장 연구를 할 때 종종 특별한 도구를 사용해요.
그중에는 아주 단순한 것도 많아요.
생태학자들이 하는 것처럼, 여러분도 생태학 연구를 해 볼 수 있어요.
다음과 같은 도구를 직접 만들어서 시도해 보세요.

쬠등불(유아등)

생태학자들은 밤에 흰 천을 걸어 놓고 한쪽에서 강한 빛을 비추어요. 그러면 곤충들이 불빛에 이끌려 와서 천에 앉아요. 벌레를 쬔다고 해서, 이것을 **쬠등불** 또는 **유아등**이라고 해요. 쬠등불을 써서 곤충의 종을 파악하고 개체 수를 세어서 생태계를 조사할 수 있어요.

침대 시트와 손전등으로 쬠등불을 만들었어.

끈기가 필요해요

생태학자가 특정 종을 목격하기까지 때로는 며칠 또는 몇 주가 걸리기도 해요. 그럴 때는 땅에 **동작 감지 카메라**를 설치해요. 동물이 카메라 앞을 지나가면 센서가 움직임을 감지하고 사진을 찍는 장치예요. 예민하고 겁이 많은 동물의 사진을 찍을 때 아주 유용해요.

동작 감지 카메라가 없어도, 우리 동네 야생 동물 사진을 찍을 수 있어.

대신 끈기가 많이 필요해. 아주 조용히 있어야 하거든.

이런 청설모는 우리 동네에서는 아주 드물어!

모든 것을 기록해요

내가 가장 많이 쓰는 도구는 **공책**이에요.

관찰한 것, 질문, 떠오르는 아이디어를 전부 적어 두지요.

그림도 그려요!

그림을 그릴 때는 대상을 아주아주 세밀하게 살펴봐야 해요. 평범한 잎사귀라 해도 새로운 사실을 발견할 수 있거든요.

수를 세는 도구

생태학자들은 생물 다양성을 측정할 때 **방형구**라는 도구를 사용해요. 방형구는 네모 모양으로 만든 간단한 틀로, 정해진 규격이 있어요. 생태학자들은 방형구를 땅 위에 놓고 각 칸에 있는 종의 수를 세어요.

틀 안에 있는 걸 세어 보니, 지금까지 모두 20종이에요.

방형구 안에 들어온 종의 수를 이용해, 이 들판 전체에 어떤 종이 얼마나 많이 사는지 추정할 수 있어요.

집에 있는 플라스틱 관과 끈으로 직접 방형구를 만들었어.

이걸로 우리 동네 숲의 생물 다양성을 측정해 볼 거야.

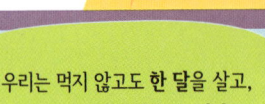

어떤 과학자들은 가장 성공한 유기체는 바로 지구라고 말해요.
더 나아가서 지구의 모든 시스템은 하나의 거대한 '슈퍼 생태계'를 이루며,
개별 생명체들이 그러듯 지구도 똑같이 어떤 변화에 반응한다고 생각해요.
이런 생각을 **가이아 이론**이라고 해요.

가이아 이론에서는 순환 고리가 중요해요.

탄소 순환

물의 순환

질소 순환

이런 고리는 모두 살아 있어요. 이 고리들 덕분에 지구가 계속해서 균형을 유지하고 변화에 반응할 수 있지요.

가이아 이론을 믿는 생태학자는 많지 않지만, 아이디어는 재미있는 것 같아!

생태학은 어디에나 있어요

여러분이 지금 깜짝 놀랄 만한 현상을 발견했을지도 몰라요.

수 대시 선생님 말이 맞아. 지금 무슨 일이 일어나고 있어.

아니면 여러분이 깜짝 놀랄 만한 설명을 할 수 있을지도 모르죠.

청중이 감동해요.

수 대시 선생님이 감동해요.

앗, 이것도 순환 고리야!

무엇보다도 이 세상의 아름다움과 우리 생명의 소중함을 느껴 보세요.

생태학은 지구에 있는 모든 것의 생태적 역할과 위치를 연구하는 학문이에요.

낱말 풀이

다음은 이 책에 나온 주요한 단어들의 뜻을 설명한 거예요. *이탤릭체*로 쓰인 단어는 이 낱말 풀이 안에 설명되어 있는 단어라는 것을 의미해요.

개체 하나의 유기체.

개체군 같은 장소에 사는 같은 생물 종 *개체*들의 집단.

경쟁 *유기체*들이 한정된 자원을 서로 이용하거나 차지하려고 하는 일.

광합성 식물이 햇빛을 이용해서 에너지를 만드는 일.

군집 특정 지역에서 생활하는 모든 *개체군*의 모임.

규조류 해양 환경에서 살면서 *광합성*을 하는 단세포 *유기체*.

극한 생물 극단적인 환경에서 문제 없이 잘 사는 종.

기생 두 종이 함께 살면서 한쪽(기생 생물)은 이익을 얻고 다른 쪽(숙주)은 피해를 입는 관계.

기후 한 장소에서 여러 해에 걸쳐 나타난 평균적인 *날씨*.

꽃가루받이 곤충 같은 생물이 꽃에서 꽃으로 꽃가루를 옮겨서 꽃이 번식하게 하는 일.

날씨 특정 시간, 특정 장소의 기온, 비, 눈, 바람의 상태.

단일 재배 특정 지역에서 하나의 종만을 키우는 일.

대멸종 사건 지질학적으로 비교적 짧은 기간인 수십만 년 사이에 지구 생물 종의 75퍼센트 이상이 사라지는 일.

먹이 그물 *생태계*에서 여러 개의 *먹이 사슬*이 얽힌 모습을 보여 주는 그림표.

먹이 사슬 *생태계*에서 에너지와 *영양분*의 움직임을 보여 주는 그림표.

멸종 종 전체가 죽어서 사라지는 일.

복원력 *생태계*가 해로운 변화에 저항하고, 피해를 입어도 다시 살아나는 능력.

부영양화 수중 환경에 영양분이 많아져서 *생태계*의 구조가 바뀌는 일.

분해 유기 물질을 작게 쪼개서 다른 생명체들이 사용할 수 있는 *영양분*으로 만드는 일.

분해자 죽은 생물체나 동물의 배설물 등을 *분해*하는 아주 작은 *유기체*.

상리 공생 두 종이 서로 이익을 얻는 협력 관계.

생물 군계 비슷한 *기후*나 지리 환경에서 비슷한 *유기체*들이 사는 지역.

생물 다양성 *생물 군계* 또는 *생태계*에서 종의 가짓수나 유전자 *다양성*을 가리키는 말.

생산자 자신의 먹이를 직접 만들고 다른 종들에게 먹이를 공급하는 유기체.

생태계 특정한 장소에서 모든 생물과 무생물이 상호 작용하는 일.

생태계 서비스 생태계가 인간에게 주는 직접적 또는 간접적인 이점.

생태 통로 서식지가 파편화되어 따로 떨어진 야생 동물 개체군들을 연결하는 자연 서식지 통로.

생태 피라미드 층층이 연결된 먹이 사슬 관계를 보여 주는 그림표.

서식지 종이 살아가는 자연 환경.

수경 재배 물에 영양분을 녹여서 흙 없이 식물을 키우는 일.

숙주 몸 내부나 외부에 다른 유기체가 살고 있는 유기체.

순환 고리 어떤 일의 결과가 그 일을 더 키우거나 억제하는 일.

영양 단계 한 종이 먹이 사슬, 먹이 그물 또는 생태 피라미드에서 차지하는 단계.

영양 단계 연쇄 반응 한 종이 먹이 그물에서 사라지거나 그 수가 크게 감소했을 때 생기는 영향.

영양분 생명체가 성장하고 살아가기 위해 먹거나 흡수하는 물질.

오염 환경에 해로운 물질이 들어오는 일.

유기체 반응, 번식, 성장, 적응하는 생명체.

유전자 다양성 한 종에 속한 모든 개체의 DNA가 각기 다른 정도를 가리키는 말.

이산화 탄소 생물이 숨을 쉬거나 물질이 탈 때 탄소와 산소가 결합해 자연스럽게 발생하는 기체.

재자연화 종을 본래의 서식지로 돌려보내 자연이 복원되도록 하는 일.

적응 종이 시간이 지남에 따라 환경에 더 적합하게 변하는 과정.

종 비슷하게 생기고 함께 번식할 수 있는 유기체 집단.

죽음의 해역 바다나 호수에 산소가 부족해서 생명체가 거의 살지 못하는 곳. 데드존.

중복성 생태계에서 한 종이 하는 역할을 다른 종들이 얼마나 쉽게 대신할 수 있는지를 가리키는 말.

지속 가능성 지구의 자연 자원을 재생 속도보다 더 빠르게 소모하지 않도록 하는 일.

침입종 특정 지역에 유입되어서 그 환경에 부정적인 영향을 미치는 유기체.

탄소 지구의 생명체에 꼭 필요한 화학 원소.

탄소 저장소 탄소를 저장하는 장소.

탄소 순환 *탄소가 저장소에서 저장소로 이동하는 일.*

토착민 *특정 지역에 외지인들이 오기 전부터 살던 사람들.*

틈새 *유기체가 생태계에서 살고 생태계와 상호작용하는 특정한 방법.*

파편화 *생태계나 서식지가 작고 고립된 부분으로 갈라지는 일.*

편리 공생 *유기체들이 함께 사는데 한쪽만 이익을 얻고 다른 한쪽은 이익도 손해도 없는 관계.*

평형 *생태계의 모든 생물과 무생물이 균형을 유지하는 일.*

포식 *유기체들 사이의 관계에서 한쪽(포식자)이 다른 쪽(먹이)을 잡아먹는 관계.*

핵심종 *생태계의 평형에 특히 중요한 종.*

핵심 지역 *생물 다양성이 높고, 인간 때문에 큰 위험에 빠진 지역 또는 생태계.*

협력 *유기체들이 공동의 이익을 얻기 위해 힘을 합치는 일.*

형질 *한 유기체가 다른 유기체와 구별되는 특징으로, 후손에게 전달되는 고유한 성질.*

환경 *유기체를 둘러싼 주변의 생물과 무생물을 모두 포함하여 가리키는 말.*

찾아보기

ㄱ

가이아 이론 119
개체군 18, 29, 46~49, 82, 94, 110
경쟁 24, 26~27, 50, 72
곤충 10~11, 17, 50, 52, 64, 70, 82~83, 97,
　104, 110, 111, 116
관찰 연구 88~89, 97, 112
교란 44~46, 77, 78, 115
군집 19, 22, 41, 70, 89, 92
규조류 36
균류 16, 36, 37, 50, 52, 83, 111, 112, 113
　균근 24, 52, 89
극한 생물 57
기생 생물 25, 43
기후 6, 23, 35, 55, 59, 74, 86
　기후 변화 64, 74~77, 80, 112
　기후 위기 74~76
꾐등불(유아등) 116

ㄴ

나무 17, 19, 23~25, 27, 36, 37, 43, 45, 48,
　49~53, 55, 59, 68, 71, 73, 78, 86, 91, 93,
　94~95, 111, 112, 122
나비 7, 24, 29, 63, 97, 110, 115
남세균 14, 15, 16
남획 100~101
농약 30, 70, 78, 99, 103, 104
농업 70, 81, 97, 98~99, 101, 103, 104

ㄷ

동작 감지 카메라 116

ㅁ

먹이 6, 9, 21, 23, 24~25, 26~29, 34~35, 38,
　40, 46~47, 50~52, 57, 68, 69, 70~71, 72,
　77, 78, 82~83, 92, 94, 110, 118
　먹이 그물 40~41, 78
　먹이 사슬 40, 43, 57, 79, 82
멸종 26, 61, 64, 66~69, 70, 73, 76, 83, 102
　대멸종 61, 64~66, 118
무척추동물 40, 82~83

ㅂ

바다 31, 36, 37, 38, 56, 57, 59, 66, 69,
　74~77, 78, 79, 90, 100~101, 102, 104, 115
방형구 117
벌 11, 17, 21, 50, 70, 110, 111
법 66, 90, 105
복원력 11, 45, 47, 58, 65, 80, 85, 88, 89, 90,
　92, 110
부영양화 101
분해자 34, 35, 37, 38, 111
비료 78, 99, 101

ㅅ

상리 공생 24, 25, 49
생물 다양성 30, 45, 54~55, 59, 65, 66, 71,
　81, 90~93, 95, 97, 100, 102~105, 112, 117
생물 군계 30~31, 32, 54, 76
생산자 36, 40, 42, 43, 57
생태계 19, 23, 27, 30, 32~38, 40~50, 52~55,
　57, 58~59, 62, 63, 68, 70~75, 77, 78~79,
　80, 82, 86~91, 93, 95, 97, 99~100, 102,
　105, 108, 109, 110~115, 116, 119
　생태계 서비스 86~87
생태 통로 92
생태학 4~5, 8, 10, 12, 13, 19, 24, 29, 36, 40, 50,
　56, 61, 72, 75, 76, 78, 84, 86, 87, 88, 90, 106,
　107, 108, 111, 113~115, 116, 120, 122
　음향 생태학 115
　응용 생태학 90~95
세균 7, 9, 14, 15, 16, 18, 21, 26, 33, 51, 57,
　62, 83, 122
세포 15, 16, 20, 39, 63, 79
소비자 40, 42, 43
수은 79

순환 고리 46~50, 63, 71, 75, 77, 93, 119, 121
시민 과학 114~115
식물 플랑크톤 77, 115
실험 9, 26, 88~89, 113

ㅇ

에너지 15, 34~37, 38, 39, 40, 43, 51, 80, 81, 86, 98, 104, 108
열수구 57
영양 단계 연쇄 반응 68, 69
영양분 24, 25, 34~37, 40, 48, 51, 52, 69, 70, 77, 78, 83, 98
오염 70, 78~79, 81, 83, 90, 102
유기체 5, 7, 14, 15, 18, 20, 24, 34, 35, 37, 40, 50, 67, 114, 118, 119
   이중 유기체 50
유전자 다양성 54~55, 90, 92
이산화탄소 19, 36, 38, 64, 74, 77, 87, 99, 104
이점 26, 28, 72

ㅈ

재자연화 94~95
적응 5, 6, 11, 15, 22~23, 25, 26, 27, 28~29, 30, 55, 59, 65, 70, 72, 74, 76, 110, 118, 119, 120
정부 81, 85, 90, 93, 96, 97, 100~101, 102~103, 109
종 11, 18, 19, 22~29, 30, 36, 41, 42, 44, 45, 47, 49, 50~55, 57, 58, 64~69, 70~73, 76, 77, 78, 88, 90~ 91, 102, 110~113, 114, 115, 116, 117
   새로운 종 29, 58, 73, 112, 113,
   종 다양성 54~55 , 90
   종의 감소 11, 66~67, 70~71, 82~83
   침입종 72~73, 90, 102, 114
   핵심종 41, 68, 91
죽음의 해역 66, 78, 101
중복성 91
지구 온난화 64, 75, 102, 109

진화 16, 21, 22, 23, 24, 26, 28~29, 30, 55, 65, 76, 93, 113, 118
질병 52, 55, 62, 77
징검다리 92

ㅊ

청소부 37
초식 동물 25, 36, 40, 82

ㅌ

탄소 34, 38~39, 77, 86, 87, 119
   탄소 순환 38, 119
   탄소 저장 38, 39, 86
토착민 96~97
통신 9, 52~53
틈새 27, 29, 58, 65, 91

ㅍ

파괴 66, 70, 72, 73, 75, 76, 80, 96~97, 105
파편화 71
평형 44~45, 58
포식(자) 24, 29, 33, 40, 46~47, 55, 57, 68, 72, 82, 94
플라스틱 78, 83, 100, 117
피라미드 42~43
피식자(먹이) 24, 40, 46~47, 57, 82

ㅎ

한계점 45
핵심 지역 71, 90, 102, 112
협력 24, 50~51, 63, 81
형질 22
화석 연료 38, 39, 74, 81, 90, 105
화학 물질 9, 19, 34, 57, 78, 83, 86
환경 보호법 90

DNA 9, 20~21, 22, 28, 39, 54, 81

이 책을 만든 사람들

앤디 프렌티스, 랜 쿡
글

안톤 할만
그림

알렉스 프리스
편집

제이미 볼
프레야 해리슨
디자인

생물 다양성과 기후 전문가
이자벨 키(에든버러 대학)
세실 지라댕 박사(옥스퍼드 대학)
오언 루이스 교수(옥스퍼드 대학)
감수

제인 치즘
시리즈 편집

스티븐 몬크리프
시리즈 디자인

어스본 출판사는 어스본 바로가기에서 추천하는 웹 사이트들을 규칙적으로 확인하고 있습니다. 하지만 어스본 출판사는 다른 웹 사이트의 내용에 대해서는 책임지지 않습니다. 다른 추천 사이트들을 살펴보다가 바이러스에 걸릴 경우, 어스본 출판사는 피해에 대해 법적 책임이 없습니다.

한국어판 1판 1쇄 펴냄 2023년 8월 1일
옮김 고정아 편집 권하선 디자인 황혜련 펴낸곳 (주)바룡소인터내셔널 전화 02)6207-5007 팩스 02)515-2007
한국어판 저작권 © 2023 Usborne Publishing Limited

영문 원서 Ecology for beginners 1판 1쇄 펴냄 2023년
글 앤디 프렌티스 외 그림 안톤 할만 디자인 제이미 볼 외 감수 이자벨 키 외
펴낸곳 Usborne Publishing Limited usborne.com
영문 원서 저작권 © 2023 Usborne Publishing Limited

이 책의 영문 원서 저작권과 한국어판 저작권은 Usborne Publishing Limited에 있습니다.
저작권법에 의하여 한국 내에서 보호를 받는 저작물이므로 무단전재와 복제를 금합니다.
어스본 이름과 풍선 로고는 Usborne Publishing Limited의 트레이드 마크입니다.

*이 책에는 네이버 나눔글꼴을 사용하였습니다.